Le Juif errant.
1846.

LE NOUVEAU JUIF ERRANT,

COMÉDIE EN TROIS ACTES, MÊLÉE DE CHANT,

PAR M. VARNER,

Représentée pour la première fois, sur le théâtre du Palais-Royal, le 28 mars 1846.

PERSONNAGES.		*ACTEURS.*
BERTRAND, banquier	MM.	Leménil.
OSCAR DURAND, jeune médecin		Derval.
DURAMBERG, directeur de comédiens ambulants		Grassot.
DURANTI, auditeur au conseil d'état		Meynadier Eugène.
SALTZBOURG, marchand colporteur		Lhéritier.
LE BARON DE LA DURANDIÈRE		Kalekaire.
FOLBERT, notaire		Lemercier.
DUROCHET, avoué		Adrien.
GUIBOURG, directeur d'un chemin de fer		Masson.
GALLOIS, bonnetier		Michon.
LEGRAS, marchand de comestibles		Hénien.
HENRIETTE, fille du baron de la Durandière	Mlle	Lambert.
GENEVIÈVE, jeune servante d'auberge	Mme	Dupuis.

La scène se passe : Au premier acte, dans une auberge d'un bourg de la Belgique, non loin de la frontière de France. — Au deuxième, dans le château du Baron. — Au troisième, à Paris, chez Bertrand.

ACTE PREMIER.

Le théâtre représente une salle commune. Grande fenêtre dans le fond, à travers laquelle on aperçoit la campagne et le commencement d'une colline qui se continue à la gauche du spectateur. Quatre portes; deux dans les angles du fond, et les deux autres au deuxième plan. Sur le devant du théâtre, deux tables; l'une à droite, l'autre à gauche.

SCÈNE Ire.

GENEVIÈVE; DURAMBERG, *puis* OSCAR, *puis* SALTZBOURG.

GENEVIÈVE, *au milieu du théâtre, la complainte du Juif errant à la main.*

Dieu! que c'est intéressant cette complainte du Juif errant!

DURAMBERG, *à table à droite, se coupant un morceau de pain.*

Que le siècle est indifférent pour les artistes! (*Montrant son morceau de pain.*) Voilà la part que nous fait l'admiration!... et l'on s'étonne que le théâtre dépérisse!

GENEVIÈVE, *continuant à lire.*

Dire qu'il y a comme ça un homme qui ne peut pas mourir et qui est condamné à se promener sans cesse! Heureusement pour lui qu'il est cordonnier.

OSCAR, *entrant par la gauche et époussetant ses bottes avec une serviette.**

Là!... maintenant, on ne saura pas comment je voyage et si je suis venu en voiture.

On entend le claquement d'un fouet.

DURAMBERG.

Oh! oh!... sans doute le reste de ma troupe qui me rejoint.

GENEVIÈVE, *au fond du théâtre.*

Non, c'est un colporteur, un de nos habitués.

SALTZBOURG, *entrant par le fond.***

Ponjour, petite, ponjour... ma chambre est-elle prête?

GENEVIÈVE.

Elle vous attend. C'est toujours la même, n° 8.

* Oscar, Geneviève, Duramberg.

** Oscar, Geneviève, Saltzbourg, Duramberg.

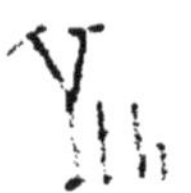

SALTZBOURG.

Pien, pien... je vais y placer mes petits effets.

Il disparaît à droite un moment.

OSCAR.

Ah ça, et mon déjeuner, va-t-on me le servir?

GENEVIÈVE.

On est en train de le couper. (*A part.*) Fait-il de l'embarras pour un morceau de fromage qu'il a demandé!

DURAMBERG.

De l'eau, s'il vous plaît?

GENEVIÈVE, *apportant une carafe.*

Voilà!... Il ne vous faut pas autre chose?

DURAMBERG.

Merci... je suis obligé de m'observer... j'ai une gastrite.

GENEVIÈVE, *bas.*

Je crois que c'est sa bourse qui en a une; elle est plus malade que lui!

OSCAR, *avec compassion.*

Le pauvre homme! je serais charmé de venir à son aide!*

GENEVIÈVE, *à part, avec ironie.*

Encore un fameux protecteur, qui déjeune avec du fromage! Qu'il songe donc d'abord à se nourrir.

OSCAR, *allant à Duramberg.*

Est-ce que vous vous proposez de faire jouer ici votre troupe?

DURAMBERG, *se levant avec empressement et saluant.*

Mais oui... ce bourg paraît assez considérable.

GENEVIÈVE.

Il compte trois cents feux.

DURAMBERG.

Le goût de la littérature n'y est peut-être pas éteint... j'essayerai de le rallumer.

AIR *de Turenne.*

Dans la grange qu'on me décerne
Pour ma représentation,
Je veux offrir un grand drame moderne
Où tout brûle de passion,
Où tout est flamme...

OSCAR.

Attention!
Si cette flamme allait prendre et s'étendre
Jusqu'à la grange!...

DURAMBERG.

Eh bien, morbleu!
J'aurai, pour éteindre le feu,
Les larmes que je fais répandre!

OSCAR.

Je vous souhaite bonne chance... et si, moi-même, je pouvais vous être utile...

DURAMBERG.

Ça n'est pas de refus... et quand ma représentation sera organisée... (*A Geneviève.*) Je vais payer à votre bourgeois... Avez-vous ma carte?

GENEVIÈVE, *souriant.*

Elle sera bientôt faite.

DURAMBERG.

C'est inutile... je lui dirai de vive voix ce que j'ai consommé... (*Allant à la table.*) Je n'ai, je crois, qu'une demi-carafe... oui... (*A Oscar.*) Au revoir, monsieur.

Il sort à droite. Oscar disparaît un instant du même côté.

GENEVIÈVE, *enlevant la carafe.*

En voilà un qui était né pour être poisson!

* Geneviève, Oscar, Duramberg.

SCÈNE II.

BERTRAND, GENEVIÈVE, SALTZBOURG, *puis* OSCAR.

SALTZBOURG, *présentant une boîte de bijoux à Bertrand.*

Mon pon monsieur... je vous en prie, prenez-moi quelque chose.

BERTRAND.

Je n'ai besoin de rien.

SALTZBOURG.

Achetez toujours... ce sera pour faire plaisir au marchand.

BERTRAND.

Allons donc!

GENEVIÈVE.

Dieu! que c'est joli!... et que ça brille!

AIR: *Vaudeville de la Somnambule.*

Je voudrais bien avoir, pour mon usage,
Quelques bijoux comme ceux qui sont là.

BERTRAND.

Y pensez-vous?

GENEVIÈVE.

Oui, vraiment!

BERTRAND.

A votre âge,
On n'a, je crois, pas besoin de cela!
Vingt ans, fraîcheur, œil vif, taille coquette,
Sont des bijoux qui vont toujours si bien!
Les diamants que fort cher on achète,
Ne valent pas ceux qui ne coûtent rien.

Il va s'asseoir près de la table à gauche.

SALTZBOURG.

Je gombrends... c'être un philosophe, qui fait de la morale; moi je fais du commerce, c'être autre chose. (*Il se dirige vers Oscar qui rentre, et lui présente sa boîte.*) Mon pon monsieur, voulez-vous?...* (*Regardant Oscar.*) Mein Gott!

OSCAR, *à part.*

Juste ciel! un de mes usuriers d'Amérique!...

Il remonte.

* Bertrand, Geneviève, Saltzbourg, Oscar.

SALTZBOURG, *tout tremblant.*

C'est son taille... c'est son figure..., c'est lui!...

GENEVIÈVE.

Qui donc?

SALTZBOURG.

Un de mes débiteurs qui s'était brûlé la cervelle à New-York.

GENEVIÈVE.

Et qui reviendrait exprès de l'autre monde pour vous payer? ce n'est pas vraisemblable.

SALTZBOURG.

Je le sais bien... et pourtant...

BERTRAND, *qui s'est levé, reconnaissant Oscar qui s'est approché de lui.**

En croirai-je mes yeux!

OSCAR.

Est-il possible!

BERTRAND.

Mon jeune ami!

OSCAR.

Mon compagnon de voyage!

BERTRAND.

Vous qui vous étiez noyé à la Louisiane!

OSCAR.

Moi-même!

SALTZBOURG.

Hein?

OSCAR, *gaîment.*

Ce qui n'a pas empêché... comme vous voyez...

BERTRAND.

Je vois que vous vous portez à merveille!

GENEVIÈVE, *à mi-voix, montrant Oscar.*

Il paraît qu'il est à l'épreuve du feu et de l'eau!

SALTZBOURG, *bas.*

Nous verrons s'il est aussi à l'épreuve de la chustice: je vais chercher mes titres et mes papiers.

Il sort à droite.

GENEVIÈVE.

Vous ferez bien. (*A part.*) Ça n'est pas naturel, et on est bien aise de savoir...

OSCAR, *à Bertrand.*

J'espère que nous allons déjeuner ensemble?

BERTRAND.

C'est bien ainsi que je l'entends!

GENEVIÈVE, *à Oscar.*

Faut-il vous servir votre fromage?

BERTRAND.

Fi donc!... tout ce que vous avez de mieux!... des huîtres, du gibier, du bordeaux!

GENEVIÈVE, *à part, en s'en allant.*

A la bonne heure!... voilà quelqu'un qui sait vivre!

* Bertrand, Oscar, Geneviève, Saltzbourg.

SCÈNE III.

BERTRAND, OSCAR.

OSCAR.

Ma foi! je l'avouerai, je ne m'attendais guère à vous rencontrer dans une auberge de la Flandre: je vous croyais fixé en Amérique.

BERTRAND.

Moi?... je loge un peu partout... souvent à Paris, où je fais la banque, puis à Vienne, à Naples, à Madrid, où m'appellent des intérêts divers. Riche, mais sans amis, sans famille, je ne sais que faire de ma fortune... je m'ennuie... et j'étais allé au delà des mers, chercher des distractions et du nouveau. Je me disais: Il est possible que je m'ennuie encore là-bas... mais, du moins, ce sera d'une autre manière, ça me changera.

OSCAR.

Moi, un tout autre motif m'avait fait quitter Paris; je m'y amusais trop... je ne faisais que ça. J'étais reçu docteur depuis dix-huit mois, docteur dans l'art de guérir, et je n'avais pas encore pu trouver l'occasion d'exercer... Je ne sais pas ce que deviennent les malades... je crois que la médecine n'en fait plus assez... il n'y en a que pour quelques vieux confrères, qui accaparent toutes les indispositions un peu bonnes... ils courent après; ils ont voiture... aussi, ils ne laissent rien à faire aux autres.

Air du *Premier prix.*

Le ciel, et je l'en remercie,
N'a pas voulu, dans ses rigueurs,
Multiplier la maladie
Comme le nombre des docteurs;
Aussi voit on, dans chaque rue,
Dix médecins qui ne font rien:
Car la concurrence les tue...

BERTRAND.

Je crois qu'ils vous le rendent bien!

OSCAR.

Quelquefois... sans le vouloir, c'est possible... Comme j'avais bonne envie d'arriver, et que la route m'était fermée dans mon pays, j'ai pris un violent parti et me suis embarqué pour le nouveau monde; j'espérais trouver quelques pratiques parmi les peaux cuivrées, les peaux noires et les peaux rouges...

BERTRAND.

Eh bien?

OSCAR.

Eh bien!... tous ces gens-là ont des santés sauvages... ils n'ont jamais qu'une maladie, celle qui les emporte. Ils s'en vont au hasard, et sans ordonnance du médecin. Je m'épuisais en stériles efforts, en courses fatigantes, qu'il fallait renouveler sans cesse, et sans but... exposé à mille dangers...

BERTRAND.

C'est dans une de ces excursions que je fis votre rencontre. Nous étions dans une belle savanne, lorsque tout à coup une hyène énorme s'avance vers nous... Je me sentis défaillir!... sans vous, j'étais perdu!

OSCAR.

C'est vrai... vous fûtes sauvé par mes mains... vous êtes peut-être le seul à qui cela soit arrivé.

BERTRAND.

Et après cet acte de courage, vous vous séparez de moi sans rien dire... vous quittez, pendant la nuit, l'hôtel où nous étions descendus tous deux...

OSCAR.

On m'attendait à la Louisiane.

BERTRAND.

Je vous y suivis à la piste; mais quand j'arrivai dans la ville où vous aviez établi votre demeure, j'appris que vous vous étiez noyé la veille.

OSCAR.

Mon Dieu, oui!... et ce n'était pas la première fois!

BERTRAND.

Comment? que voulez-vous dire?

OSCAR.

Hélas! nous sommes dans un siècle difficile pour tout le monde... siècle d'égalité, où la science elle-même a besoin de faire ses quatre repas, plus ou moins... elle ne peut échapper à cette nécessité vulgaire, et, quand elle n'a pas le sou, elle fait comme tout le monde, elle fait des dettes; c'est ce que je faisais... tant qu'on voulait me prêter... et quand mon crédit était épuisé, que j'allais voir arriver les recors, et perdre la seule chose qui me restât, ma liberté, je m'éclipsais!... sauf à compter plus tard... car j'ai la liste de mes créanciers, la liste exacte... je l'ai là... sur mon cœur... mais il fallait d'abord leur échapper... j'allais plus loin, laissant sur ma table une lettre où j'annonçais que j'étais mort... que l'on retrouverait mon cadavre, soit au fond des bois, soit au fond des eaux. Personne n'était tenté d'aller m'y chercher... On ne me voyait pas reparaître...on tenait le fait pour certain, et le journal de la localité annonçait ma fin prématurée... En six mois, je me suis tué au moins douze fois; c'est comme ça que j'ai vécu... et je mets la recette à votre disposition.

BERTRAND.

Merci... on n'aurait qu'à se tromper, et à mourir tout de bon!

OSCAR.

Allons donc! je ne me suis jamais mieux porté!... et, dans ce moment encore, je me sens un appétit!...

SCÈNE IV.

BERTRAND, OSCAR, GENEVIÈVE, *qui est entrée sur la fin de la scène précédente et a mis le couvert.*

GENEVIÈVE.

Ces messieurs sont servis.

OSCAR.

Bravo!

BERTRAND.

Venez, et mettons-nous à table.

Il s'asseoit.

OSCAR, *s'asseyant.*

Voilà un déjeuner d'assez belle apparence.

BERTRAND.

Pourvu que le champagne soit bon!

GENEVIÈVE.

Soyez tranquille, c'est de la bonne fabrique... il vient de Bruxelles.

OSCAR.

Comment!... du champagne de Belgique?

GENEVIÈVE.

Meilleur que le vrai.

OSCAR, *à Bertrand.*

Merci... je n'aime pas les contrefaçons... Versez-moi de la bière.

On sonne dans la coulisse.

GENEVIÈVE, *à la cantonade.*

On y va!... quel ennui d'être servante dans cette auberge!

BERTRAND.

Patience!... tu en deviendras peut-être un jour la maîtresse!

GENEVIÈVE.

Non, le bourgeois est vieux et marié... il n'y pas de chance.

BERTRAND.

Qui sait!... avec de la conduite, de la sagesse...

GENEVIÈVE.

Vous gagnez quarante écus par an, c'est le taux en Belgique... v'là c' que rapporte la vertu...

OSCAR, *à mi-voix.*

Ou sa contrefaçon.

GENEVIÈVE.

C'est pas encourageant... aussi je veux être femme de chambre, d'une belle demoiselle qui a passé la nuit ici avec son père, qui est noble, à ce qu'il dit; car, s'il s' parle à lui-même, il s'appelle monsieur le baron... or, elle vient de me promettre qu'elle me prendrait à son service dans quelques jours.

BERTRAND.

Et où ça te conduira-t-il?

GENEVIÈVE.

Tiens! à Paris!... là, une jolie fille est sûre de faire son chemin, et très-vite!

BERTRAND.

Si elle ne trébuche pas en route.

OSCAR, *à mi-voix.*

Au contraire... c'est un moyen.

GENEVIÈVE.

Hein?

BERTRAND.

Il faut savoir attendre que la Providence songe à vous.

GENEVIÈVE.

Je n'ai pas de patience, je suis pressée.

AIR: *Me voilà.*

Y a queuqu' chos' qui m' dit là
Qu'une chance opportune
Qui viendra,
M' sortira
De la route commune:
Je veux aller promptement à la fortune...
On sonne de plusieurs côtés.
On y va! *(quater.)*
Elle disparaît à droite.

OSCAR.

Ces petites filles ne doutent de rien!

BERTRAND.

C'est le privilége de la jeunesse. Et vous, mon ami, quels sont vos rêves d'ambition, vos projets pour l'avenir?

OSCAR.

Mes projets? j'ai renoncé à en faire. Le sort prenait trop de plaisir à les déjouer.

BERTRAND.

Quoi? vraiment?

OSCAR.

C'est une fatalité!... Ainsi, je rapportais d'Amérique les idées les plus raisonnables, les plans de conduite les plus sensés... mûri par l'infortune, vieilli par l'expérience, je m'étais promis de rester inaccessible à toutes les émotions trop vives, de ne plus me quereller avec les hommes, de ne plus me laisser prendre à adorer les femmes!... Eh bien! je suis à peine débarqué depuis huit jours, et j'ai déjà une passion dans le cœur et un duel sur les bras.

BERTRAND.

Un duel? et avec qui?

OSCAR.

Est-ce que je sais!... avec un écervelé que j'ai rencontré à Ostende. Il s'ennuyait et m'a provoqué pour se distraire; moi, qui ne m'amusais pas, j'ai accepté... et, à trois reprises, nous avons inutilement essayé de nous couper la gorge.

BERTRAND.

Il me semble que vous pouvez en rester là; vous avez tous deux fait preuve de bonne volonté, et pour peu que votre adversaire soit raisonnable...

OSCAR.

Lui?... c'est un entêté!... il ne sera pas content qu'il ne m'ait tué!... Au surplus peu m'importe: mourir de sa main ou de la passion qui me consume, c'est à peu près la même chose.

BERTRAND.

Comme vous dites, ce n'est qu'une question de temps... une différence d'une quarantaine d'années, plus ou moins. La jeune personne est donc décidément insensible?

OSCAR.

Je n'en sais rien.

BERTRAND.

Alors, c'est la famille?

OSCAR.

Je ne la connais pas.

BERTRAND.

C'est donc une passion...

OSCAR.

Tout ce qu'il y a de plus fortuit... Je cheminais tranquillement, à pied, ne songeant qu'à regagner la frontière de France... j'étais déjà parvenu aux bords de la Meuse... Au milieu du pont que j'avais à traverser, se trouvait une jeune fille aux traits fins et délicats, au plus angélique sourire... elle faisait de la main des signes d'adieu à une barque qui descendait rapidement le fleuve, et qui déjà se perdait à l'horizon... Je m'étais arrêté pour contempler cette ravissante figure... tout à coup la jeune fille fait un mouvement, pousse un cri et laisse éclater les marques du plus violent désespoir... je m'élance afin d'en connaître la cause... elle venait de laisser tomber dans le fleuve un petit médaillon renfermant des cheveux, qui s'était détaché d'une chaîne d'or... « C'était, s'écriait-elle, tout ce « qui me restait de ma mère!... ma pauvre « mère!... » Elle éclatait en sanglots... je n'hésite point, je me précipite dans le fleuve, et je reviens bientôt rapportant avec joie le médaillon, objet de tant de regrets et de larmes... La jeune fille était évanouie, elle rouvre un instant les yeux, me sourit comme pour me remercier; mais on était accouru à son secours; des domestiques de sa famille l'entourent et l'emportent dans une voiture qui l'attendait... elle s'éloigne rapidement... quant à moi, délaissé, oublié de tout le monde, je restai sur la route, mouillé, trempé, n'ayant pour me sécher qu'un soleil douteux qui se cachait dans les nuages, et le feu d'une passion soudaine qui s'était allumée dans mon cœur!

BERTRAND.

Qui a sans doute dégénéré en un bon rhume?

OSCAR.

Fi donc! j'étais trop heureux pour cela... j'avais sans cesse devant les yeux ma belle inconnue, cette ravissante figure qui semblait me dire: espère!...

BERTRAND.

Et vous avez espéré?

OSCAR.

Pendant trois jours... trois jours d'illusions, où je me répétais avec ivresse : je la reverrai!.., Hélas! que pourrais-je lui dire? Comment me présenter à ses regards?... je n'ai rien, je ne suis rien!

BERTRAND.

Vous êtes jeune et l'avenir vous appartient.

OSCAR.

S'il doit être comme le passé...

BERTRAND.

Vous avez des talents, du mérite.

OSCAR.

Qui est-ce qui n'en a pas?... ceux qui parviennent.

BERTRAND.

Mais vous êtes peut-être trop ambitieux.

OSCAR.

Moi?.. qu'est-ce que je demanderais, mon Dieu!... de quoi vivre tranquille, au sein de l'étude, sans souci de l'avenir, sans crainte du lendemain, deux mille livres de rente.

BERTRAND.

Pas plus?

OSCAR.

C'est assez.

BERTRAND.

Eh bien! vous les avez!

OSCAR.

Comment?

BERTRAND.

Je vous les donne! *Ils se lèvent.*

OSCAR.

Vous?

BERTRAND.

Moi.

OSCAR.

Mais à quel titre?

BERTRAND.

N'êtes-vous pas mon ami?... ne m'avez-vous pas sauvé la vie?

OSCAR.

Et vous voulez me payer ce service?

BERTRAND.

Non.. je veux vous en demander un second!... je vous l'ai dit, je suis riche et sans famille... j'ai de l'or et je ne sais qu'en faire... aidez-moi à en faire un bon emploi!... (*Lui tendant la main.*) Me refuserez-vous ce plaisir-là?

OSCAR.

Vous vous y prenez de si bonne grâce, que je ne sais que répondre.

BERTRAND.

Répondez que vous acceptez.

OSCAR, *hésitant.*

Mais..

BERTRAND.

Vous me rendrez ça en visites, quand vous serez un des premiers docteurs de la capitale.

OSCAR.

C'est-à-dire que je ne vous le rendrai jamais!

BERTRAND.

Eh bien, oui!... je serai enchanté d'avoir une fois dans ma vie bien placé mes fonds.

OSCAR.

Ah! monsieur, tant de générosité, de franchise...

BERTRAND.

Laissez donc! c'est moi qui vous remercie. Je vais aller dresser l'acte en bonne forme... je prétends que votre revenu commence à dater d'aujourd'hui.

OSCAR.

Comme vous voudrez... nous n'aurons pas de discussions là-dessus.

BERTRAND, *lui tendant la main.*

Au revoir, mon jeune ami, mon sauveur... vous serez rentier dans dix minutes.

ENSEMBLE.

Air de la Syrène.

Je vais donc / Vous allez faire aujourd'hui,
Connaissance
Avec l'opulence!
Le sort veut cesser ici
De me traiter en ennemi!

Bertrand sort.

SCÈNE V.

OSCAR, *puis* DURAMBERG.

OSCAR.

Ma foi! je suis décidé à me laisser faire... j'ai si souvent poursuivi la fortune qui m'échappait... je ne peux pas la fuir quand elle arrive!... il faut de la logique.

DURAMBERG, *entrant par la droite. (A la cantonade.)*[*]

C'est affreux! c'est abominable! il n'y a plus parmi les hommes ni générosité ni justice!

OSCAR, *à part.*

Qu'est-ce qu'il dit donc, celui-là? il calomnie l'humanité!

DURAMBERG.

Traiter ainsi un directeur privilégié!

A la cantonade.

« Vous ne démentez point une race funeste!
» Oui, vous êtes le sang d'Atrée et de Thieste!... »

OSCAR.

Eh! mon Dieu! à qui s'adressent ces poétiques injures?

DURAMBERG.

A ce grec d'aubergiste... homme sans littérature et sans entrailles, qui veut m'empêcher de vivre.

[*] Oscar, Duramberg.

OSCAR.

Je croyais, au contraire, que, par état...

DURAMBERG.

Du tout!... chez lui on meurt de faim... même dans sa cuisine... où tout brûle et rien ne cuit; où, sans cesse, on entend miauler la gibelotte!... Ah! s'il passait ici un naturaliste pour disséquer les casseroles, que d'affreux secrets l'on apprendrait!

OSCAR.

Allons, je vois que notre hôte vous a écorché!

DURAMBERG.

Est-ce que je crierais pour si peu de chose?

OSCAR.

Que vous a-t-il donc fait?

DURAMBERG.

Le trait le plus noir, le plus indigne, le plus infâme!... Il ne veut pas me prêter sa grange pour y jouer mon drame du Juif errant!

OSCAR.

Il ne veut pas?

DURAMBERG.

A moins que je ne paye d'avance.

OSCAR.

Oui... c'est comme s'il refusait.

DURAMBERG.

Et me voilà obligé de renvoyer le public qui se presse à notre bureau de location.

OSCAR.

J'espère bien que vous ne renverrez personne.

DURAMBERG.

Mais où trouver des capitaux? Je n'ai point de banquier dans cette ville.

OSCAR, *mettant la main à sa poche.*

Vous y avez au moins des amis.

DURAMBERG.

Quoi? monsieur...

OSCAR.

Et si ce que j'ai sur moi peut suffire...

Il verse ce que contient sa bourse dans les mains de Duramberg.

DURAMBERG.

Il faudra bien que ça suffise!... (*Comptant l'argent.*) Cinquante francs! je suis sauvé!

OSCAR, *à part.*

C'était l'argent de mon voyage, mais je puis en disposer maintenant.

DURAMBERG.

Ah! monseigneur!.. ah! milord!... vous êtes pour nous l'ange tutélaire qui descend des frises, dans un nuage de papier... fait avec des billets de banque... mais ce ne sera pas perdu! ce que vous nous donnez en pièces de cent sous, nous vous le rendrons et au delà en reconnaissance!

OSCAR.

Merci!

DURAMBERG, *à part.*

On a toujours en caisse de cette monnaie-là!

SCENE VI.

OSCAR, GENEVIÈVE, DURAMBERG, *puis* SALTZBOURG.

GENEVIÈVE, *à Duramberg.*

Tout votre monde est arrivé; ils ont l'air d'avoir bien chaud.

DURAMBERG.

Qu'ils se déshabillent... ça les rafraîchira!

OSCAR.

Y pensez-vous?... qu'on leur porte du champagne, du vrai... si c'est possible... un panier!... c'est moi qui paye.

DURAMBERG.

Oui, milord.

OSCAR.

Et qu'ils boivent à ma santé!

DURAMBERG.

Nous y boirons tous! je vous promets de leur donner l'exemple!... celui qui ne boira pas... je boirai pour lui!...

Il sort à droite.

OSCAR.

Il faut se faire honneur de son argent... je n'aime pas à thésauriser.

Il se promène à grands pas.

SALTZBOURG, *s'avançant sur la pointe du pied, et à demi-voix à Geneviève.**

Est-il encore là?

GENEVIÈVE, *s'approchant de Saltzbourg.*

Oui!

SALTZBOURG.

Tant mieux!... car il n'y sera pas longtemps!

GENEVIÈVE.

Pourquoi?

SALTZBOURG.

Parce qu'il ne peut pas rester en place... il faut qu'il marche toujours.

GENEVIÈVE, *regardant Oscar qui se promène à grands pas.*

En effet!

SALTZBOURG.

Il faut qu'il voyage... rien ne l'arrête... (*A demi-voix.*) C'est le Juif errant!

GENEVIÈVE.

Ah! bah!...

OSCAR, *se retournant.*

Qu'est-ce?

GENEVIÈVE, *bas à Saltzbourg, le poussant du côté d'Oscar.*

Voyez donc si c'est bien lui!

* Oscar, Geneviève, Saltzbourg.

SALTZBOURG, *s'avançant.*

Monsir, je suis crandement étonné...

OSCAR.

Je sais ce que c'est, monsieur, il y a quelqu'un qui vous doit de l'argent?

SALTZBOURG.

Mais il me semble que c'est vous.

OSCAR.

Moi, ou un de mes parents, peu importe... je me charge de la dette.

SALTZBOURG.

A la bonne heure.

GENEVIÈVE, *à part.*

Tiens! ils se reconnaissent!

OSCAR.

Et j'espère vous dédommager avant peu.

SALTZBOURG.

J'aimerais mieux tout de suite.

OSCAR.

Impossible!... Dans ce moment ma bourse est à sec. (*Il la jette à Geneviève.*) Vois plutôt.

GENEVIÈVE.

Ma foi, oui... il n'y a dedans qu'une pièce cinq sous.

SALTZBOURG, *à mi-voix.*

Chistement : il n'y en avre chamais tavantage... C'est pien lui!

OSCAR, *montrant Saltzbourg.*

Conduis monsieur dans ma chambre, où il m'attendra.

SALTZBOURG.

Mais...

OSCAR.

J'ai à terminer avec quelqu'un que j'aperçois, une affaire superbe!...

SALTZBOURG.

Mais...

OSCAR.

Nous nous occuperons ensuite de la nôtre... Pour vous faire prendre patience, Geneviève va vous servir du thé, du chocolat, du café, du punch... Tout ce qu'il vous plaira.

SALTZBOURG.

Mais...

OSCAR, *le poussant.*

Vous acceptez... Allez!... (*A Geneviève.*) Ne ménage rien!... c'est moi qui régale!

GENEVIÈVE, *à Saltzbourg.*

Il paraît qu'il revient du Pérou.

SALTZBOURG.

C'est égal, je ne me fie pas à ses mines.

Il sort à droite avec Geneviève.

* Oscar, Saltzbourg, Geneviève.

SCÈNE VII.

BERTRAND, OSCAR.

BERTRAND.

Voici, mon cher ami, le contrat dont je vous ai parlé... Il n'y manque plus que votre nom.

OSCAR.

Oh! s'il ne manque que cela, je puis facilement le donner.

BERTRAND, *s'asseyant à la table de gauche et se disposant à écrire.*

Dictez : je vous attends.

OSCAR, *élevant la voix.*

Oscar Durand.

BERTRAND, *étonné, se levant.*

Hein? vous vous appelez Durand?

OSCAR.

Comme vous dites... de Concarneau, en Bretagne.

BERTRAND.

Il se pourrait!

Il regarde dans quelques papiers qu'il tire de sa poche.

OSCAR.

Oh! mon Dieu! oui... nous demeurions à l'entrée du port... Mon père était pêcheur et mon oncle charpentier... Eh bien! vous n'écrivez pas?

BERTRAND.

Ah! mon pauvre garçon, c'est impossible!

OSCAR.

Comment?... Ces deux mille francs de rente...

BERTRAND.

Il n'y faut plus songer... Prenez que je ne vous ai rien dit.

Il déchire l'acte.

OSCAR.

Et pour quel motif?

BERTRAND, *tout en remontant.*

Ne m'en demandez pas davantage... Je ne saurais... Je ne puis vous expliquer... Ah! combien je suis fâché!

Il sort à gauche.

SCÈNE VIII.

OSCAR, *puis* GENEVIÈVE, *puis* DURAMBERG.

OSCAR.

Et moi, donc! Il avait bien besoin de m'offrir... ce qu'il ne voulait pas me donner!... Est-ce que j'y pensais? Croyez donc à la générosité, à la reconnaissance! Illusion! chimeres!

GENEVIÈVE, *entrant par la droite.*

Je vous apporte votre mémoire. *

OSCAR, *à part.*

Ah! voici la réalité!

GENEVIÈVE.

Vous savez, ce vin de Champagne que vous avez dit de faire boire...

OSCAR.

Eh bien?

GENEVIÈVE.

Ils l'ont bu.

OSCAR.

Ils ont bien fait. (*A part.*) Ils ont au moins gagné ça à mon rêve de fortune.

GENEVIÈVE.

Il s'agit maintenant de payer.

OSCAR.

Nous reparlerons de ça plus tard.

DURAMBERG, *entrant vivement par la droite et allant à lui.* **

Ah! monseigneur!... Quel bonheur! quelle joie!... Et c'est vous!...

OSCAR.

Qu'est-ce donc?

GENEVIÈVE, *présentant un mémoire.*

Permettez...

OSCAR, *cherchant à s'éloigner.*

Je n'ai pas le temps!

DURAMBERG, *le retenant par son habit.*

Nous avons un théâtre, grâce à vos bienfaits : nous en attendons encore un... celui de votre présence.

OSCAR.

Où ça?

DURAMBERG.

Parmi les spectateurs... Je vous apporte la belle loge... la loge d'honneur.

OSCAR.

Pour moi?

DURAMBERG.

Il n'y a que vous qui soyez digne de l'occuper... Elle est de six places... Voici le coupon.

GENEVIÈVE.

Voici votre note.

OSCAR.

Dans ce moment, vous vous adressez mal.

GENEVIÈVE.

C'est une bagatelle.

DURAMBERG.

Il ne s'agit que de vingt francs.

OSCAR.

Eh bien!... Je ne les ai pas!

DURAMBERG.

Vous avez du crédit...

OSCAR.

Je n'ai plus rien!

DURAMBERG *et* GENEVIÈVE.

O ciel!

OSCAR.

Je suis ruiné... ruiné à plat.

DURAMBERG.

Vous, milord!

OSCAR.

Il n'y a pas ici de milord, mais un pauvre diable qui devrait se rendre à Paris où il est appelé, et qui n'a pas le premier sou pour se mettre en route.

DURAMBERG.

Ah! grand Dieu!

OSCAR.

Et me voilà forcé de rester dans cette auberge, où probablement on ne voudra pas me garder.

GENEVIÈVE.

Non, certes, et je vais prévenir le bourgeois.

Elle sort.

OSCAR.

C'est son devoir... Il fera ce qu'il voudra, moi ce que je pourrai... Je m'abandonne à ma destinée!

DURAMBERG.

Du tout, jeune homme!... il faut lutter contre elle!... La fortune vous nargue : faites-lui la grimace, qu'elle voie que vous vous moquez d'elle... Eh! qui sait? je pourrai peut-être vous être utile

OSCAR, *se défendant.*

Merci, mille fois!...

DURAMBERG.

Soyez tranquille, ce n'est pas de l'argent que j'ai à vous offrir... Tenez, un de nos acteurs est malade... voulez-vous prendre sa place ce soir?

OSCAR.

Moi! y songez-vous?

DURAMBERG.

Très-bien... Qu'est-ce qu'il vous manque pour le remplacer?

OSCAR.

D'abord le talent.

DURAMBERG.

Vous ne pouvez pas en avoir moins que lui... De sa vie il n'a su ce que c'était.

OSCAR, *reculant.*

Encore faudrait il...

DURAMBERG.

Vous n'êtes pas sans avoir joué la comédie en société?

OSCAR.

Jamais.

DURAMBERG.

Tant mieux! vous aurez en scène plus de naturel et d'abandon.

OSCAR.

Mais je suis tout à fait inconnu.

* Oscar, Geneviève.

** Geneviève, Oscar, Duramberg.

DURAMBERG.

Tant mieux!... mes acteurs voudraient bien l'être!... Le public les connaît trop!

OSCAR.

Mais d'ici à ce soir je n'aurai pas le temps d'apprendre..

DURAMBERG.

Est-ce que vous avez besoin de savoir?... Quel enfantillage! Est-ce qu'on n'a pas le souffleur?... Je vous en mettrai trois... l'un en avant, les deux autres à droite et à gauche... dans les coulisses.. C'est comme ça que depuis vingt ans je joue tous mes rôles... Aussi, j'ai conservé la mémoire la plus fraîche...

OSCAR, *souriant.*

En vérité, votre idée est si bizarre...

DURAMBERG.

Qu'elle vous séduit, n'est-ce pas?... Vous souriez... ce sera drôle! .. Ce sera un souvenir dans votre vie de jeune homme.

OSCAR.

Au fait, qu'est-ce que je risque?

DURAMBERG, *lui frappant dans la main.*

Rien, si ce n'est de gagner de l'argent...

OSCAR.

Et il m'en faut absolument!

DURAMBERG.

Touchez là... A vous le quart de la recette, les frais prélevés... Vous aurez de quoi prendre la poste pour achever votre voyage... Sans compter les lauriers que vous emporterez...

OSCAR, *avec incrédulité.*

Oh! pour cel ...

DURAMBERG.

Vous nous les laisserez si vous voulez... Voici toujours votre rôle... c'est celui d'Ahasvérus, le Juif errant.

Il lui remet un gros manuscrit.

OSCAR.

Comme c'est gros!

DURAMBERG.

Il y a pourtant là-dedans bien peu de chose!... Jetez-y les yeux pour en avoir une idée... Pendant ce temps, je vais faire battre votre costume.

OSCAR, *le retenant.*

Air du Parnasse des dames.

Est-il sévère et d'un bon style?

DURAMBERG.

Superbe!... il n'a servi, mon cher,
Qu'à faire un manteau pour Achille
Un burnous pour Abd-el-Kader.

OSCAR.

Il aura bien changé de rôles!

DURAMBERG.

Pas trop!... puisque en définitif,
Il aura couvert les épaules
D'un Grec, d'un Arabe et d'un juif.

Il sort à gauche.

SCÈNE IX.

OSCAR, *seul.*

Allons! je vais débuter incognito! je vais tenter l'aventure! Ne faut-il pas que je continue mon voyage? Je serai le Juif errant pendant deux heures; il n'y a pas de sot métier; voyons un peu ce qu'on lui fait dire: (*Il ouvre le rôle.*) « Fatalité! fatalité! horreur et désespoir qui font ma joie! Je n'entendrai plus l'ange des ténèbres me crier « incessamment : Marche! marche!... Oh! « la belle chose que la fin du monde!... » Si c'est comme cela qu'il commence, cela promet.

Il continue de parcourir le rôle à voix basse.

SCÈNE X.

OSCAR, *sur le devant de la scène,* GENEVIÈVE *et* HENRIETTE *dans le fond à droite.*

HENRIETTE, *à Geneviève.*

C'est convenu .. dès que nous serons de retour au château, je te ferai venir pour être ma femme de chambre... Va vite placer ces cartons dans ma voiture.

GENEVIÈVE.

Oui, mademoiselle.

Elle sort par le fond.

OSCAR.

O ciel! *

HENRIETTE, *à part.*

Que vois-je!... Le jeune homme de l'autre jour!

OSCAR, *de même.*

La demoiselle au médaillon! (*Haut.*) Ah! combien je suis heureux!

HENRIETTE.

Et moi donc, qui n'avais pu encore vous remercier de votre dévouement, de votre courage!

OSCAR.

Mademoiselle!

HENRIETTE.

Si vous saviez combien me pesait mon ingratitude involontaire...

OSCAR.

Vraiment vous me rendez honteux... c'est attacher trop de prix...

HENRIETTE.

Quand pour moi vous avez exposé vos jours!

OSCAR.

Qui n'en eût fait autant, mon Dieu! pour vous éviter un chagrin, pour vous épargner quelques larmes... Je me suis trouvé là par

* Oscar, Henriette.

la faveur du sort, que tout mon sang n'aurait pu payer.

HENRIETTE.

Monsieur !...

OSCAR.

Je vous ai vue... Et comment vous peindre ce qui s'est passé en moi !... Depuis ce moment, je n'ai pas une pensée qui ne soit vous... votre image était là, sans cesse devant mes yeux, comme un doux souvenir, comme une espérance plus douce encore... déjà je vous aimais sans avoir pu vous le dire...

HENRIETTE, *baissant les yeux.*

Vous m'aimiez?

OSCAR.

D'un amour ardent, mais respectueux, que je n'osais m'avouer à moi-même... et, maintenant que mon secret m'est échappé, je n'ose vous regarder... je tremble de lire dans vos yeux...

HENRIETTE.

Ils ne doivent pas vous répondre... Nous nous connaissons à peine... c'est à mon père que vous devez parler.

OSCAR.

Oh ! je lui parlerai !... à moins que vous ne me le défendiez...

HENRIETTE, *entraînée.*

Moi?... au contraire...

OSCAR.

Ah ! que vous êtes bonne !

HENRIETTE, *se reprenant.*

AIR *de la Haine d'une femme.*

Non!... seulement, je voulais dire,
Monsieur, que je n'ai pas le droit...
Vous concevez...

OSCAR, *à part.*

Dieu! quel sourire!

HENRIETTE, *à part.*

Se fâcher serait maladroit.

OSCAR.

Mon amour n'est point téméraire;
Discret, il saura se cacher.
Mais permettez qu'au moins j'espère... (*Bis*).

HENRIETTE, *à part.*

Je ne puis pas l'en empêcher!

OSCAR.

Si mon amour doit se cacher,
Qu'il espere un jour vous toucher!

HENRIETTE, *à part.*

Je ne puis pas l'en empêcher!

Mon père a pour moi des projets d'établissement, mais rien n'est encore décidé; il ne veut que mon bonheur, et, quand il connaîtra votre caractère, vos titres, votre position dans le monde...

OSCAR, *avec embarras.*

Sans aucun doute...

SCÈNE XI.

DURAMBERG, OSCAR, HENRIETTE.

DURAMBERG, *entrant par la gauche, s'approchant d'Oscar, et à mi-voix.*

Il est temps de vous habiller.

OSCAR, *vivement.*

Silence!

DURAMBERG.

Hein?

HENRIETTE.

Qu'est-ce que...

OSCAR.

Rien!... c'est quelqu'un qui se trompe.

DURAMBERG.

Du tout!... vous savez bien que vous m'avez promis...

OSCAR, *bas.*

Je retire ma promesse... je ne jouerai pas.

DURAMBERG, *bas.*

En voici bien d'une autre!

HENRIETTE.

Mais qu'est-ce qu'il vous demande donc?

OSCAR.

Un service que je ne saurais lui rendre.

HENRIETTE.

Pourquoi?

OSCAR.

Pour des motifs que je vais lui expliquer. (*Bas à Duramberg.*) Il y a dans la salle des personnes qui peuvent me connaître.

DURAMBERG.

Il fallait y songer plus tôt!... Si vous nous manquez, je suis perdu! adieu la recette!

Il remonte.

HENRIETTE.

Le pauvre homme! (*A Oscar.*) Tâchez donc de faire ce qu'il désire avec tant d'instance : c'est moi qui vous le demande.

OSCAR.

Vous, mademoiselle!...

HENRIETTE.

Mais il faut que je vous laisse : j'entends le fouet du postillon... ce sont les chevaux que l'on nous amène.

OSCAR.

Comment ! vous partez !...*

HENRIETTE.

A l'instant même... avec mon père.

OSCAR, *à part.*

Ceci change la thèse... (*Bas à Duramberg.*) Je jouerai!

DURAMBERG.

Enfin!

OSCAR, *à Henriette.*

Mais, au moins, mademoiselle, ne puis-je espérer de vous revoir?

* Henriette, Oscar, Duramberg.

HENRIETTE.

Nous allons passer un mois au château de la Durandière, près d'Arras... et c'est là qu'il faudra vous présenter.

OSCAR, *la reconduisant à gauche.*

Je vais compter les instants!... à bientôt! (*Henriette sort. Revenant à Duramberg.*) Je vais revêtir mon costume.

Il sort vivement par la droite.

SCÈNE XII.

DURAMBERG, *puis* GENEVIÈVE.

DURAMBERG.

Dieu! qu'on a de peine à faire marcher une troupe et à contenter le public! J'avais envie de lui chanter une ariette de bravoure; mais je n'ai plus la voix assez flûtée. Je l'ai rendue terrible pour me consacrer à la tragédie. (*Tirant avec effort de son gosier un son grave.*) Hum!... comme c'est caverneux! Pour en venir là, j'ai pris des bains de pieds tout un hiver.

GENEVIÈVE, *entrant par la gauche.*

Eh bien! le baron ne peut pas partir!

DURAMBERG.

Une des roues de sa voiture vient de se briser.

GENEVIÈVE.

Vous le savez?

DURAMBERG.

Pardine! puisque c'est moi qui ai détaché l'écrou.. Tour de Scapin, pour le forcer à rester ce soir.

GENEVIÈVE.

Par exemple!

DURAMBERG.

Le voilà obligé d'aller au spectacle et ma belle loge est placée!... il n'y a que lui qui soit digne de l'occuper.

AIR *de la Robe et les bottes.*

Je crois que l'idée est parfaite!

GENEVIÈVE.

J'n'aurais jamais trouvé ce moyen-là.

DURAMBERG.

Je conseillerai la recette,
Aux Français comme à l'Opéra...
Si, tous les soirs, ils peuvent faire en sorte
Que des équipages nombreux
Viennent se briser à leur porte,
Ils auront la foule chez eux.

SCÈNE XIII.

GENEVIÈVE, SALTZBOURG, DURAMBERG.

SALTZBOURG, *entrant précipitamment et s'adressant à Geneviève.*

Je ne m'étais pas trompé!... vous savez... ce prétendu jeune homme...

GENEVIÈVE.

Qui se fait appeler Oscar?...

SALTZBOURG.

Qui est arrivé sans passe-port.

DURAMBERG.

Celui qui régale tout le monde?

GENEVIÈVE.

Sans avoir d'argent pour payer.

SALTZBOURG.

Eh pien! il ne tissimule plus, à présent... il vient de reprendre son costume ordinaire de foyage.

GENEVIÈVE.

Vous l'avez vu?

SALTZBOURG.

Très-pien... à une fenêtre de l'auberche, les yeux tournés vers le ciel, et le bâton à la main... (*Bas.*) C'est le Juif errant!

DURAMBERG, *riant.*

Ah! bah!

GENEVIÈVE, *insistant.*

Le vrai Juif errant?

DURAMBERG, *à part.*

Sont-ils bêtes!... (*Haut.*) Si je l'avais su, je l'aurais fait mettre sur mon affiche... Mais il est encore temps de le dire... tâchez de répandre ça dans le public, ça piquera la curiosité... lui qui doit paraître dans la représentation de ce soir.

SALTZBOURG.

Et vous croyez qu'il paraîtra?

DURAMBERG.

Je l'espère.

SALTZBOURG.

Je parie dix florins qu'il est déjà loin.

DURAMBERG.

Donnez donc, car le voici.

Il s'approche d'Oscar.

SCÈNE XIV.

SALTZBOURG, GENEVIÈVE, OSCAR, DURAMBERG.

OSCAR, *en costume de Juif errant, entrant par la droite.*

Est-ce bien? Comment me trouvez-vous?

DURAMBERG.

Superbe!... Vous allez produire un effet à votre entrée...

GENEVIÈVE, *après s'être consultée avec Saltzbourg.*

Mais d'abord, nous ne le laisserons pas sortir.

DURAMBERG.

Ne troublez pas la représentation...* je réponds pour lui.

SALTZBOURG.

A la bonne heure.

* Saltzbourg, Geneviève, Duramberg, Oscar.

DURAMBERG.

On vous payera sur la recette... vous n'a-ez pas peur qu'elle s'en aille?

GENEVIÈVE.

Je crains plutôt qu'elle n'arrive pas.

DURAMBERG, *à Oscar.*

Soignez-vous, mon cher... voici le mo-nt.

OSCAR.

Ne suis-je pas un peu pâle?

DURAMBERG, *tirant de sa poche un pot de rouge.*

Peut-être. (*Se ravisant, à part.*) Il ne us reste que ça de rouge... il faut le garder r les dames... (*Haut.*) Vous êtes très-n ainsi!... De la tenue et de la noblesse... s avons dans la salle le baron et sa fille.

OSCAR.

Le baron et sa fille!... (*À part.*) je suis rdu!

Il marche à grands pas. Duramberg le suit.

DURAMBERG.

Ils devraient être partis; mais j'y ai mis ordre. Vous les verrez à l'avant-scène, dans la loge d'honneur... ça nous donnera un certain lustre... avec ça que la salle n'en a pas!

OSCAR, *à part.*

Ah! mon Dieu! que faire?

GENEVIÈVE.

Comme il paraît agité!

SALTZBOURG.

C'est que l'heure du départ approche.

OSCAR.

Je ne sais ce que j'éprouve! *

DURAMBERG.

L'émotion inséparable d'un début... ça va vous servir... Livrez-vous à votre inspiration!... vous marchez absorbé dans vos pensées funèbres...

OSCAR, *marchant sans l'écouter; Duramberg le suivant.*

Fâcheuse extrémité!

DURAMBERG.

C'est ça!

GENEVIÈVE, *à Saltzbourg.*

Mais regardez le donc!

OSCAR, *de même.*

Contretemps maudit!

DURAMBERG.

Ce n'est pas tout à fait le texte, mais c'est égal! (*Remontant le théâtre, et parlant, à droite, à la cantonnade.*) Qu'on prépare le tonnerre et les éclairs!

OSCAR, *à part.*

Oui... c'est le seul parti qui me reste!

Il se dirige vivement vers la porte à droite et disparaît.

DURAMBERG.

Pas si vite!... Songez donc que vous marchez depuis dix-huit cents ans!.. C'est vrai, il court comme quelqu'un qui vient de se lever.

* Saltzbourg, Geneviève, Oscar, Duramberg.

SCÈNE XV.

SALTZBOURG, GENEVIÈVE, BERTRAND, DURAMBERG.

BERTRAND, *entrant par la gauche.*

Monsieur! monsieur! peut-on prendre un billet?

DURAMBERG.

Il n'y a plus de places; mais pour vous, monsieur, il y en aura toujours. (*Prenant un tabouret et le lui présentant.*) Voici la dernière stalle... je vous l'ai gardée au prix de location.

BERTRAND.

Merci!

DURAMBERG.

Venez, monsieur!... (*Il emmène Bertrand, qu'il précède en criant :*) Place pour une stalle réservée!

Ils sortent à droite.

SCÈNE XVI.

SALTZBOURG, GENEVIÈVE.

GENEVIÈVE.

Ça va commencer... j'entends l'ouverture.

SALTZBOURG.

Qu'est-ce que c'est que ça?

GENEVIÈVE.

C'est le tonnerre du théâtre.

SALTZBOURG.

Le ciel s'en mêle aussi!... (*Montrant la fenêtre.*) De ce côté l'orage gronde pour tout de bon.

Le fond du théâtre est dans l'obscurité.

GENEVIÈVE, *prêtant l'oreille à la porte de droite.*

Ah! mon Dieu! il se passe quelque chose d'extraordinaire!

SALTZBOURG.

Je vous l'ai prédit!

GENEVIÈVE.

Toute la salle est en rumeur!

SALTZBOURG.

Le Juif errant aura fait des siennes!

SCÈNE XVII.

GENEVIÈVE, SALTZBOURG, DURAMBERG, *plusieurs* SPECTATEURS.

CHOEUR, *poursuivant Duramberg.*

Musique nouvelle de M. [illegible].

Nous en aurons vengeance!

Vit-on, dans aucun temps,
Avec cette indécence
Mystifier les gens!

DURAMBERG.

Un peu plus de calme, de grâce!
Bientôt chacun sera content!

CHOEUR.

Non! c'est aussi par trop d'audace!
Qu'est devenu le débutant?

DURAMBERG.

A l'instant il va paraître!

SALTZBOURG.

Pour cela, je ne le crois pas!

DURAMBERG.

Moi, j'en suis sûr!

SALTZBOURG, *indiquant la fenêtre du fond.*

Par la fenêtre...

Tenez... le voyez-vous là-bas?

A la lueur de quelques éclairs, on aperçoit Osca qui, dans son costume de Juif errant, gravit colline, son bâton à la main.

DURAMBERG, *furieux.*

Messieurs, laissez-moi faire,
Je m'élance après lui,
Et ma juste colère
Vous le ramène ici!

CHOEUR, *le retenant.*

Non! vous aurez beau faire,
Et puisqu'il s'est enfui,
Vous êtes solidaire
Et vous paierez pour lui!

Duramberg en se débattant parvient à s'échapp des mains qui le retiennent; tout le monde poursuit. — La toile tombe.

ACTE DEUXIÈME.

Le théâtre représente un salon; portes dans le fond et portes latérales. Au premier plan, à droite, une table recouverte d'un tapis avec ce qu'il faut pour écrire. Fenêtres à droite et à gauche.

SCÈNE Ire.

HENRIETTE, *assise et travaillant près de la table*, GENEVIÈVE *et* SALTZBOURG *debout devant elle.**

GENEVIÈVE.

Oui, mademoiselle, j'arrive, et je vous ai fait demander tout de suite.

HENRIETTE.

Tu as bien fait... mon père est à causer avec un monsieur qui est venu lui parler d'affaires, et je ne peux pas te présenter à lui; mais, tout à l'heure...

GENEVIÈVE.

Oh! mon Dieu! c'est inutile : je viens vous dire que je ne pourrai pas entrer chez vous.

HENRIETTE.

Moi qui avais compté sur toi...

GENEVIÈVE.

Une lettre que j'ai reçue m'invite à me trouver à Paris le 5 août prochain, à midi, rue des Francs-Bourgeois, n° 10.

HENRIETTE.

Et pour quel motif?

GENEVIÈVE.

On ne l'explique pas... voyez plutôt...

Elle lui remet la lettre.

HENRIETTE, *après l'avoir parcourue.*

Voilà qui est singulier.

GENEVIÈVE.

Et le plus drôle (*montrant Saltzbourg*) c'est que monsieur en a reçu une toute pareille.

* Saltzbourg, Geneviève, Henriette.

SALTZBOURG.

Ia, matemoiselle.

GENEVIÈVE.

Alors il m'a proposé de m'emmener dans sa carriole. J'ai accepté...

SALTZBOURG.

Et nous nous rendons à Paris à petites journées.

HENRIETTE.

Est-ce qu'on t'y a promis une place?

GENEVIÈVE.

Du tout... et franchement j'aime mieux n'en pas avoir. A quoi ça me mènerait-il?.. On végète dans les emplois. J'ai eu un de mes oncles qui a été pendant vingt-cinq ans concierge de l'Institut.... Eh bien, il n'a jamais pu y entrer; on n'a pas rougi de le laisser mourir à la porte.

SALTZBOURG.

Comme c'être encourageant pour les concierges!... Aussi on ne trouve plus que des portiers.

HENRIETTE, *à Geneviève.*

Et quels sont tes projets quand tu seras dans la capitale?

GENEVIÈVE.

Je veux me faire marchande de modes et couturière, afin de porter moi-même de belles robes et de beaux chapeaux. D'abord tout ce que je ferai pour les autres, je commencerai par l'essayer pendant vingt-quatre heures.

HENRIETTE.

Au fait, c'est une idée... et avec des idées comme ça, tu ne pouvais pas rester dans ton village.

GENEVIÈVE.

N'est-ce pas, mademoiselle ?

HENRIETTE.

Tu fais bien d'aller à Paris.

SALTZBOURG.

Nous n'y arriverons pas sans peine... Le cheval qui traîne la carriole, dès qu'il a un peu marché, il souffle, il souffle... à éteindre les réverbères... il a pien besoin d'être ménaché

GENEVIÈVE.

Aussi nous ne repartirons que ce soir.

HENRIETTE.

A merveille. Tu passeras la journée au château, et je vous y ferai servir une collation.

SALTZBOURG, *s'inclinant.*

Merci, matemoiselle... La cheval en sera-t-il ?

HENRIETTE.

Certainement... Une pauvre bête qui n'a que le souffle... Je vais donner des ordres pour qu'il soit bien traité.

SALTZBOURG.

Merci, pour lui !

AIR :

Exactitude
Et promptitude,
Que la voiture où vous fûtes conduits
Soit préparée
Dans la soirée,
Car vous devez repartir pour Paris.

Henriette parle à l'oreille d'un valet qui est entré.

GENEVIÈVE, *à Saltsbourg.*

Soignez l' cheval, pour que, si c'est possible,
Lors du départ, il soit moins engourdi !

SALTZBOURG.

Qui pourrait croire qu'un cheval si paisible
Fut autrefois acteur chez Franconi ?

GENEVIÈVE ET SALTZBOURG.

Exactitude
Et promptitude,
La carriole où nous fûmes conduits
S'ra préparée
Dans la soirée,
Car nous devons r'prendr' la rout' de Paris.

HENRIETTE.

Exactitude
Et pour prélude, etc.

Saltsbourg et Geneviève sortent à gauche; Henriette les reconduit jusqu'à la porte.

SCÈNE II.

HENRIETTE, LE BARON, BERTRAND.

Ils entrent par la droite.

LE BARON.

Comment, monsieur Bertrand, vous n'êtes à mon château que depuis hier soir et vous songez déjà à nous quitter. ?

BERTRAND.

Il le faut.

LE BARON.

Quel motif si pressant ?...

HENRIETTE.

En effet.

BERTRAND.

Je ne puis que vous répéter...

LE BARON.

Vous ordinairement si expansif avec moi, je vous trouve aujourd'hui d'une réserve...

BERTRAND.

Pas du tout. Je m'étais chargé de vous remettre cette lettre : je vous l'ai remise et...

LE BARON.

Vous ne pouvez pas m'en dire davantage?

BERTRAND.

Mon Dieu, non ! le reste est un mystère qu'il ne m'est pas donné d'expliquer.

LE BARON.

C'est différent... Voilà un correspondant bien discret, et un billet bien extraordinaire. (*Donnant une lettre qu'il tient à Henriette.*) Regarde donc, ma fille !

HENRIETTE, *après l'avoir parcourue.*

Tiens, la même lettre que Geneviève !

LE BARON.

Qu'est-ce que tu en penses?

HENRIETTE.

Moi, mon père?

LE BARON.

Quelle est ton opinion?

HENRIETTE.

Vous m'avez toujours dit qu'il ne fallait pas en avoir : je n'en ai pas.

LE BARON.

Absolument comme moi... C'est une énigme. Ordinairement je les devine tout de suite. Mais celle-là, impossible d'en trouver le mot.

BERTRAND.

Dites donc, je ferais peut-être bien de partir avant la nuit?

LE BARON, *le retenant.*

Par exemple ! nous vous garderons jusqu'à demain... J'ai compté là-dessus.

BERTRAND.

C'est que je crains qu'il n'y ait chez vous beaucoup de monde.

LE BARON.

Au contraire, personne... Vous, moi, ma fille et un prétendu qui arrive ce matin... On le dit fort bien.

HENRIETTE.

Il faut se défier des réputations.

LE BARON.

Certainement, quand elles sont mauvaises... mais quand elles sont bonnes .. (*A Bertrand.*) J'attends aussi un jeune homme qui m'a été recommandé... Il vient pour être mon secrétaire... C'est indispensable.. un baron ne peut pas trop écrire lui-même...

BERTRAND.

Jadis il n'écrivait pas du tout...

LE BARON.

C'était mieux...

BERTRAND.

Mais aujourd'hui, il n'y a plus de distinction possible.

LE BARON, *soupirant*.

Hélas!

BERTRAND.

Et c'est vous qui avez choisi le secrétaire que vous attendez?

LE BARON.

Je vais le voir aujourd'hui pour la première fois; mais il m'a écrit une lettre dont je suis fort content.

HENRIETTE.

En effet... des expressions choisies, un style d'une convenance...

LE BARON.

Je dirai même d'une noblesse...

HENRIETTE.

Ce doit être quelqu'un de très-comme il faut.

BERTRAND.

Oh! l'on ne peut pas juger les gens sur ce qu'ils écrivent.

LE BARON.

C'est juste: comment jugerait-on ceux qui n'écrivent pas?

HENRIETTE.

Sur ce qu'ils disent.

BERTRAND.

Il y en a tant qui ne disent rien.

LE BARON.

Et pour cause... Ah ça, mon cher, il est entendu que vous nous restez!

BERTRAND.

J'aurais mauvaise grâce à m'y refuser.

LE BARON.

Merci!... Vous savez qu'à la campagne il faut faire quelque chose: c'est l'heure où nous faisons un peu de toilette.

BERTRAND.

Qu'au moins ce ne soit pas pour moi..

LE BARON.

Du tout... c'est pour passer le temps..... Vous, vous avez des livres dans la bibliothèque, des fleurs et des fruits dans le jardin: prenez ce qui vous conviendra le mieux.

AIR: *A regret je vous quitte.*

Champêtre ou littéraire,
J'en ai pour tous les goûts,
Liberté pleine, entière,
Faites comme chez vous.

ENSEMBLE.

Champêtre ou littéraire, etc.

BERTRAND.

Champêtre et littéraire,
On peut goûter chez vous
Et Racine et Voltaire,
Et les fruits les plus doux.

HENRIETTE.

Il est peu littéraire,
Je le crois entre nous;
Mais ici mon bon père
En a pour tous les goûts.

Le Baron sort à droite avec Henriette.

SCÈNE III.

BERTRAND, *suivant des yeux le baron.*

Il ne serait pas plus ridicule qu'un autre, s'il se contentait d'être riche; mais le parfum de sa baronnie lui monte trop au cerveau. Sa noblesse lui tourne la tête... il fera quelque sottise: il voudra être duc.

AIR: *Patrie, honneur, etc.*

Si l'on pouvait changer en obtenant
Titre pompeux, cela serait utile;
Mais un vilain, nous l'avons vu souvent,
Devient baron et reste un imbécile;
Et le plus clair de son titre nouveau,
C'est qu'on lui fait payer les droits du sceau.

Tirant son carnet de sa poche.

Maintenant la meilleure partie de ma tâche est remplie.. Je crois n'avoir oublié personne... Récapitulons ce qui me reste à faire.

Il écrit quelques notes sur son agenda.

SCÈNE IV.

OSCAR, BERTRAND.

OSCAR, *à part, en entrant par le fond.*

Me voici donc au but de mon voyage!... dans les lieux habités par ce que j'aime!... J'ai bien manqué rester en route... Comme ils étaient acharnés après moi! si je n'étais parvenu à leur dérober ma trace!... Heureusement qu'en France on est moins crédule et plus hospitalier... Je suis maintenant tranquille, et n'ai plus à craindre de fâcheuse rencontre... (*Se trouvant face à face avec Bertrand.*) O ciel!

BERTRAND.

Vous ici, mon cher ami?

OSCAR.

J'allais précisément vous dire la même chose.

BERTRAND.

Comment êtes-vous venu dans ce château?

OSCAR.

Ce n'est pas sans peine... J'ai été traqué, poursuivi par un tas d'imbéciles! Ne me prenaient-ils pas pour le Juif errant? ce n'est pas vous qui croirez cela...

BERTRAND.

Non, certes... car c'est moi qui le suis.

OSCAR.

Vous? ma foi, je le croirais presque à vos manières, bizarres, à vos réticences au mystère qui vous entoure... et puis je vous trouve partout sur mon chemin.

BERTRAND.

Sans doute la sympathie...

OSCAR.

Vous êtes trop bon!

BERTRAND.

Le ciel m'est témoin que je vous porte le plus vif d'intérêt... sans compter la reconnaissance...

OSCAR.

C'est dit... n'en parlons plus... nous savons tous deux à quoi nous en tenir.

BERTRAND.

C'est que j'aurais voulu vous convaincre...

OSCAR.

Je suis convaincu.

BERTRAND.

Et l'avenir vous prouvera...

OSCAR.

Oui, mais pour le moment j'aurais été flatté de ne pas vous rencontrer, je ne vous le cache pas; c'est plus fort que moi... je redoute votre bienveillance... Est-ce que vous en avez ici pour longtemps?

BERTRAND.

Pour quelques heures encore, jusqu'à ce soir... ou demain matin.

OSCAR.

Jusque-là je vais être dans les transes.

BERTRAND.

Allons donc! si je pouvais, avant mon départ, vous être bon à quelque chose?

OSCAR.

Merci... Est-ce que vous connaissez le baron?

BERTRAND.

Oui... j'ai avec lui, avec sa famille, des rapports d'affaires, d'intérêt... pour lui, pour sa fille... une fille charmante.

OSCAR.

N'est-ce pas?

BERTRAND.

Je n'ai jamais rencontré de figure aussi jolie, soit dit sans offenser votre belle inconnue.

OSCAR.

Mais c'est elle... c'est Henriette... c'est celle que j'aime!

BERTRAND.

Vous l'aimez?

OSCAR.

De la passion la plus violente, la plus irrésistible!

BERTRAND.

Ah! mon Dieu!

OSCAR.

Qu'avez-vous? d'où vient cet embarras?

BERTRAND.

Vous allez dire que je ne vous donne jamais que de mauvaises nouvelles.

OSCAR.

Quelle est celle que vous me gardiez?

BERTRAND.

On attend pour la jeune personne un prétendu.

OSCAR.

C'était immanquable!

BERTRAND.

Il arrive ce matin.

OSCAR.

Diable!

BERTRAND.

Mais maintenant que vous m'avez confié votre amour, j'emploierai tous les moyens pour empêcher ce mariage.

OSCAR.

Au contraire, ne vous en occupez pas, vous le feriez réussir; j'ai du malheur avec vous.

BERTRAND.

Mais je vous garantis...

OSCAR.

Comme vous m'aviez garanti deux mille livres de rente.

BERTRAND.

C'est tout différent!

OSCAR.

J'aurais ici bien plus à perdre... il s'agit de mon bonheur; je n'ai confiance qu'en moi... je suis parvenu à me faire ouvrir les portes du château, à obtenir une recommandation auprès du baron... mes affaires vont bien, ne vous en mêlez pas, vous les gâteriez...

BERTRAND.

Puisque vous repoussez mes offres...

OSCAR.

Très-formellement.

BERTRAND.

Nous n'en serons pas moins bons amis?...

OSCAR.

Au contraire... Je vais m'installer sous le même toit qu'Henriette, auprès du baron, qui a promis de me nommer son secrétaire.

BERTRAND.

Comment! c'est vous qui avez demandé cette place?

OSCAR.

Moi-même... j'ai peu d'ambition, et mille

écus par an, ce n'est pas à dédaigner.

BERTRAND.

Ah! j'en suis bien fâché!

OSCAR.

Pourquoi cela?

BERTRAND.

Pour des raisons que vous saurez.

OSCAR, *à part.*

Qu'est-ce qu'il a donc encore?... comme sa figure s'est rembrunie!

SCÈNE V.

LES MÊMES, GENEVIÈVE. *

GENEVIÈVE.

Mademoiselle! mademoiselle!... (*Regardant et n'apercevant pas Henriette.*) Tiens! mademoiselle n'est pas là!

BERTRAND.

Qu'est-ce que tu as à lui annoncer?

GENEVIÈVE.

Son prétendu qui descend de voiture.

BERTRAND.

Son prétendu?

OSCAR, *montrant Bertrand.*

Il me l'avait promis pour ce matin.

GENEVIÈVE.

Le plus drôle, c'est que je le connais... c'est un galantin qui a déjà eu des aventures.

BERTRAND.

Avec toi, peut-être?

GENEVIÈVE.

Est-ce que je vous en parlerais?... Avec une grande dame!

OSCAR.

Que nous importe!

GENEVIÈVE.

Vous n'êtes guère curieux...

BERTRAND.

Moi, je le suis... quelle était cette dame?

GENEVIÈVE.

Une marquise espagnole, qui avait voulu l'étrangler deux fois.

BERTRAND.

Comment?

GENEVIÈVE.

Par tendresse!... c'est ainsi que ça se pratique dans son pays.

AIR : *L'ise épouse, etc.*

Sous le ciel de sa patrie
On s'adore avec furie;
L' thermomètr' du sentiment
A trent' degrés constamment!
Et l'amant tendre et fidèle,
Qui ne r'çoit pas en r'tour
Un coup d' poignard de sa belle,
N'a pas d' preuve d' son amour.

* Oscar, Geneviève, Bertrand.

BERTRAND, *s'approchant d'Oscar.*

Est-ce qu'il n'y aurait pas dans ce qu'elle vient de dire un moyen pour empêcher l'hymen projeté? *

OSCAR, *vivement.*

Non! non!... (*A part.*) Oh! j'en connais un autre plus sûr.

BERTRAND, *à part.*

Eh bien, moi, je ne renonce pas à celui-là. (*Faisant un signe à Geneviève.*) Petite, tu vas me raconter l'histoire de la belle Espagnole.

GENEVIÈVE.

Avec plaisir.

OSCAR.

Pourvu que je ne sois pas forcé de l'entendre...

BERTRAND, *emmenant Geneviève.*

Viens donc!

GENEVIÈVE.

Ce sera peut-être un peu long.

BERTRAND.

Tant mieux!... je suis tout oreilles.

Il sort à droite.

GENEVIÈVE.

Vous n'en aurez jamais trop... (*A part, en sortant.*) Pourtant, il en a sa bonne part.

SCÈNE VI.

OSCAR, *puis* DURANTI.

OSCAR, *après avoir réfléchi un moment.*

Oui... c'est cela... j'attends mon rival de pied ferme... je n'ai qu'un parti à prendre... c'est de lui chercher querelle... nous nous battrons, je le tuerai, ou il me tuera.. d'une manière comme de l'autre, la question se trouve décidée, et je n'ai plus rien à désirer.

DURANTI, *entrant par le fond et s'adressant à un domestique.* **

Allez trouver monsieur le baron, et annoncez-lui mon arrivée.

Il dépose son pardessus et ses pistolets sur une chaise au fond, à gauche de la porte d'entrée.

OSCAR, *au valet.*

Pas encore... il faut d'abord que je parle à monsieur. ***

DURANTI.

Hein?

OSCAR.

Quelques minutes nous suffiront.

Le Domestique sort.

* Oscar, Bertrand, Geneviève.
** Oscar, Duranti, le Domestique.
*** Duranti, Oscar, le Domestique.

DURANTI.

Voilà un plaisant original.

Il fait quelques pas.

OSCAR.

Un mot, s'il vous plaît.

DURANTI.

De quoi s'agit-il ?

OSCAR, *à mi-voix.*

D'une question de vie ou de mort.

DURANTI, *le regardant.*

En effet... c'est mon adversaire d'Ostende.

OSCAR, *à part.*

Ça tombe bien... je suis dispensé de chercher un prétexte.

DURANTI.

Déjà trois fois nous avons dû nous battre ensemble.

OSCAR.

Oui, c'est une ancienne dette.

DURANTI, *lui donnant la main.*

Oh ! avec les braves gens il n'y a jamais rien à perdre.

OSCAR.

Aussi, je suis pressé de m'acquitter.

DURANTI.

Quand vous voudrez; ce soir ou demain.

OSCAR.

Pourquoi pas tout de suite ?

DURANTI.

Chaque chose en son temps... je viens pour être présenté à une jeune personne que l'on dit adorable, et je suis bien aise de passer quelques instants près d'elle.

OSCAR.

A quoi bon ? cela vous donnera des regrets.

DURANTI.

Il faut au moins être poli... que dirait-elle si en venant chez elle je commençais par me battre ?

OSCAR.

Que dira-t-elle si vous refusez ?... que vous avez peur.

DURANTI.

Ce n'est pas vrai !

OSCAR.

Quant à moi, je vous retrouve, et je ne souffrirai point que vous m'échappiez !

DURANTI.

Parbleu ! je n'en ai nulle envie.

OSCAR.

Consentez alors à ce que je demande.

DURANTI, *à part.*

Il n'en démordra pas.

OSCAR.

Eh bien ! monsieur ?

DURANTI.

Eh bien ! soit, puisque vous êtes si impatient; j'ai avec moi des pistolets.

OSCAR.

Vous êtes homme de précaution.

DURANTI, *remontant pour aller chercher les pistolets.*

Malheureusement, en traversant la plaine, j'en ai déchargé un sur un lièvre, qui n'avait pas fui assez tôt à mon approche.

OSCAR.

Et vous l'avez abattu ?

DURANTI.

A cinquante pas.

OSCAR.

Vous avez bien commencé la journée.

DURANTI.

Me voilà maintenant obligé de retourner à ma voiture pour recharger le pistolet.

OSCAR.

Non... un seul peut nous suffire... une balle pour l'un de nous, c'est assez... si on la place bien... le hasard décidera quelle main doit l'envoyer.

DURANTI.

Comme vous voudrez.

OSCAR.

C'est bien plus simple, et en descendant au jardin...

DURANTI.

Je vous préviens que je suis très-heureux au jeu... jamais je n'ai perdu.

OSCAR.

Moi, je n'ai jamais joué.

DURANTI, *lui présentant la crosse des deux pistolets.*

Il y a commencement à tout... Prenez, monsieur.

OSCAR, *prenant un des pistolets.*

Vous êtes trop bon.

DURANTI, *armant le pistolet.*

Et maintenant...

OSCAR, *de même, apercevant la capsule.*

Ah !... il paraît que j'ai eu la main heureuse.

DURANTI, *regardant son pistolet; à part.*

Peste !... (*Haut.*) Monsieur, ma vie vous appartient !... partons !

OSCAR.

Vous êtes bien pressé !

DURANTI.

Vous me faites mourir d'impatience !

OSCAR.

Vous reconnaissez donc que je puis vous tuer ?

DURANTI.

Oui, mille fois.

OSCAR.

Eh bien ! supposez la chose faite, et regardez-vous comme mort pendant vingt-quatre heures... je vous tiens quitte du surplus.

DURANTI.

Monsieur, je ne comprends pas...

OSCAR.

C'est cependant bien facile à comprendre. Vous veniez pour épouser la fille du baron.

AIR : *Depuis longtemps j'aimais Adèle.*

Je me présente à votre place,
Comme le futur qu'on attend.

DURANTI.

Comment!... vous voulez que je passe...

OSCAR.

Un bien simple raisonnement :
Complétement j'ai gagné la partie...

DURANTI.

Eh bien!

OSCAR.

Je prends votre nom seulement,
Quand j'aurais droit de prendre votre vie...
Vous le voyez, je suis accommodant.

DURANTI.

Monsieur...

OSCAR.

Laissez-moi être M. Duranti jusqu'à demain matin; je ne demande pas autre chose.

DURANTI.

Ah ça, et moi qu'est-ce que je serai?

OSCAR.

Vous serez le secrétaire du baron; j'allais l'être, c'est un échange.

DURANTI.

Au fait, puisque vous me donnez une place, je puis bien maintenant vous céder la mienne.

OSCAR.

Quand il y a avantage pour tous deux.

DURANTI.

Mais, au bout de vingt-quatre heures?...

OSCAR.

Vous rentrez dans vos droits et dans la propriété de votre personne, c'est convenu.

DURANTI.

Allons, je me résigne. (*A mi-voix.*) Je suis mort.

SCÈNE VII.

LES MÊMES, LE BARON, HENRIETTE.*

LE BARON.

Les sots! les maladroits! ne pas m'informer de son arrivée... Je suis bien le baron le plus mal servi de tout le royaume.

UN DOMESTIQUE.

Mais, monsieur le baron!

LE BARON.

Paix! je sais ce que je suis, et vous l'oubliez trop souvent... (*A Henriette.*) Viens, ma fille.

DURANTI, *à mi-voix, regardant Henriette.*

Quoi! c'est là ma future!

* Duranti, Oscar, le Baron, Henriette.

OSCAR.

Vous voulez dire la mienne...

DURANTI, *de même.*

Dieu! qu'elle est jolie!

OSCAR, *de même.*

Est-ce que vous devez voir ça? vous êtes mort.

LE BARON, *s'avançant et saluant.*

C'est à monsieur Duranti que j'ai l'honneur...

DURANTI et OSCAR, *s'avançant en même-temps.*

Monsieur!

LE BARON, *étonné et à mi-voix.*

Hein! lequel des deux?

HENRIETTE, *à part.*

Peu m'importe, je le déteste et ne veux pas le regarder.

Oscar se place devant Duranti et fait un grand salut.

LE BARON.

Pardon, mille fois, de ne pas m'être trouvé là pour vous recevoir.

OSCAR.

C'est moi qui n'ait pas voulu qu'on vous dérangeât.

LE BARON.

Je me serais dérangé avec d'autant plus de plaisir, que dans ce moment-là je ne faisais rien.

OSCAR.

Vous êtes trop aimable!

LE BARON, *le prenant par la main.*

Souffrez que je vous présente à ma fille.

OSCAR.

J'allais vous le demander.

HENRIETTE, *reconnaissant Oscar.*

Est-il possible!

OSCAR, *à Duranti.*

Quelle douce émotion!

DURANTI, *à part.*

Il croit que c'est lui qui produit ça!

LE BARON, *à lui-même.*

Allons, la première impression est favorable... (*A mi-voix à Oscar.*) Quel est donc ce monsieur qui vous accompagne?

OSCAR.

Un garçon fort aimable et qui, je crois, vous est recommandé; monsieur Oscar... votre secrétaire...

Il prend la main de Duranti.

DURANTI, *à part.*

Le voilà qui va me présenter?

LE BARON. *

Ah! monsieur, je suis désolé; une personne à laquelle je ne puis rien refuser vient de me demander la place... monsieur Bertrand...

* Duranti, le Baron, Oscar, Henriette.

OSCAR, *à part.*

Bertrand!... Il a cru que c'était moi... il ne l'a pas manqué...

DURANTI.

Comme ça, je ne suis plus secrétaire?

LE BARON.

Si... jusqu'à demain... et ensuite, j'espère bien par mon influence, par mon crédit...

DURANTI.

Merci!... (*A part.*) C'est tout ce qu'il me faut; je n'ai promis que pour vingt-quatre heures.

LE BARON, *à Duranti.*

J'aurais même à vous prier de m'écrire quelques lettres extrêmement pressées.

OSCAR.

Oh! monsieur est si complaisant...

DURANTI, *à part.*

On veut me faire payer mon dîner. (*Haut, au Baron.*) Je suis à vos ordres.

OSCAR.

J'en étais sûr.

LE BARON, *à Duranti.*

Veuillez me suivre dans mon cabinet...

OSCAR, *à part, se frottant les mains.*

Ça va bien!

DURANTI, *à part.*

Il triomphe!... mais j'aurai mon tour.

Le Baron ouvre la porte de droite, et introduit Duranti, avec lequel il sort un instant. Oscar les accompagne.

SCÈNE VII.

OSCAR, LE BARON, HENRIETTE.*

OSCAR.

Ah! mademoiselle, je doute encore, je crains de m'éveiller... Je n'ose croire à ce qui m'arrive.

HENRIETTE.

Qui m'eût dit que celui qui s'était si généreusement dévoué pour me plaire était juste l'époux que mon père me destinait!

OSCAR, *avec embarras.*

Mon Dieu, oui!... Un heureux concours de circonstances...

HENRIETTE.

Que j'aurais dû connaître tout de suite... Pourquoi ne m'avoir pas avoué dès la première fois...

Le Baron rentre et reste un instant au milieu du 2e plan.

OSCAR.

Je l'ignorais alors.

HENRIETTE.

Mais la seconde, monsieur!... lorsque nous nous sommes retrouvés à l'auberge où mon père était descendu et que nous avons eu cet entretien?

LE BARON, *qui a descendu le théâtre.*

Comment! vous vous étiez déjà vus? vous vous connaissiez antérieurement?

HENRIETTE, *baissant les yeux.*

Oui, mon père.

LE BARON.

Et tu me l'avais laissé ignorer?

OSCAR.

C'est ma faute, j'avais caché mon nom. J'aurais craint de me présenter aux regards de mademoiselle sans autre titre que la volonté d'un père, titre fort respectable sans doute!..... mais mon amour était plus exigeant: je voulais être aimé pour moi-même.

LE BARON.

Ambition de jeune homme que j'avais aussi à son âge, quand je n'étais encore que chevalier... Au lieu de faire un contrat, j'aurais voulu faire un roman de moitié avec le notaire... (*Changeant de ton.*) Allons, je vous pardonne... et toi, ma fille?

HENRIETTE.

Et moi aussi.

OSCAR.

Ah! mademoiselle, tant de générosité, tant d'indulgence!... Vous ne vous repentirez pas de vos bontés... Je vous apporte un cœur digne de vous, un cœur qui n'a jamais connu d'autre passion que celle que vous lui avez inspirée.

HENRIETTE, *au Baron.*

Je crois qu'il dit vrai, mon père!...

OSCAR.

Ainsi, je puis espérer...

LE BARON.

Comment donc, espérer?... C'est conclu, c'est arrêté!... **

OSCAR, *avec embarras.*

Je dois toutefois vous faire connaître... certaines circonstances...

LE BARON.

Je les connais... j'ai pris mes renseignements.

OSCAR.

D'abord, ma famille...

LE BARON.

Est originaire de Bretagne.

OSCAR.

En effet.

LE BARON.

Elle n'est pas noble.

OSCAR.

Mon Dieu, non!

LE BARON.

Mais je le suis, moi!... Je vous repasserai mon titre, vous serez baron!

* Henriette, Oscar.

* Le Baron, Henriette, Oscar.

** Henriette, le Baron, Oscar.

OSCAR, *toujours avec hésitation.*

C'est que... je dois l'avouer... ma fortune...

LE BARON.

Est peu de chose... Je sais à quoi m'en tenir, et me contente de ce que vous avez... Vous n'auriez rien, que ce serait de même.

HENRIETTE.

Bien, mon père!

OSCAR.

Prenez alors que je n'ai rien.

LE BARON.

Je suis millionnaire, mais je ne m'abuse pas.. ce n'est point la richesse qui fait le bonheur en ménage.

HENRIETTE.

Non, sans doute.

LE BARON.

Mais les qualités solides... et puis les rapports sympathiques... qui sont le lien des âmes... et qui font... que.. enfin... quand... (*Lui tendant la main.*) Touchez là, mon gendre, et embrassez votre femme!

OSCAR. *

Ah! monsieur!

Il embrasse Henriette.

LE BARON.

Dès ce moment, je vous regarde comme des nôtres... Ah! mais, pardon... je me rappelle... je suis obligé de me rendre à Paris pour une affaire assez énigmatique.

OSCAR.

Et moi aussi.

LE BARON.

Je pars cette nuit avec ma fille.

HENRIETTE.

Est-ce donc si pressé?

LE BARON.

Oui, mon enfant... mais avant de partir, je veux régler tout ce qui vous intéresse... J'ai fait mander le notaire, et ce soir même nous signerons le contrat.

OSCAR et HENRIETTE, *avec joie.*

Ce soir même!

LE BARON, *à Oscar.*

Êtes-vous content?

OSCAR.

Enchanté! vous y mettez un empressement, une bonne grâce!...

LE BARON, *à Henriette.*

Et toi?

HENRIETTE, *s'élançant dans ses bras.*

Mon bon père!...

OSCAR, *à part, avec joie.*

Le sort se lasse enfin de me poursuivre.

* Le Baron, Henriette, Oscar.

SCÈNE IX.

LES MÊMES, DURANTI, UN DOMESTIQUE.

LE DOMESTIQUE.

Le notaire vient d'arriver.

OSCAR.

Vivat!

LE BARON.

Allons trouver le notaire.

Il remonte.

DURANTI, *entrant par la droite.* *

Comment, le notaire!

LE BARON.

Eh! oui, pour marier ma fille et monsieur.

DURANTI, *bas à Oscar.*

Permettez, on ne se marie pas ainsi. (*Haut.*) Et des témoins?...

LE BARON.

Nous en aurons.

OSCAR.

Certainement... (*A Duranti.*) Vous d'abord.

DURANTI.

Moi? (*A mi-voix.*) C'est trop fort... On ne peut pas vivre comme ça.

OSCAR, *à mi-voix.*

Aussi, vous ne vivez pas.

DURANTI, *de même.*

Je suis d'une colère...

OSCAR, *de même.*

Vous n'en avez pas le droit, vous êtes mort.

LE BARON.

Eh! voici monsieur Bertrand!

OSCAR, *à mi-voix.*

Mon cauchemar.

LE BARON.

Il sera l'autre témoin...

SCÈNE X.

LES MÊMES, BERTRAND. **

LE BARON, *à Bertrand.*

Approchez, mon cher Bertrand?

OSCAR, *à part.*

A présent je ne crains plus ses maléfices!

BERTRAND.

De quoi s'agit-il donc?

LE BARON, *montrant Oscar.*

De rendre à monsieur un service.

BERTRAND.

Avec plaisir... (*A mi-voix à Oscar.*) Je viens déjà de vous en rendre un.

OSCAR, *de même.*

Comment?

* Henriette, le Baron, Oscar, Duranti.

** Henriette, le Baron, Bertrand, Oscar, Duranti.

BERTRAND, *de même.*

Je vous conterai ça.

OSCAR, *de même.*

Il me fait toujours peur avec son obligeance!

LE BARON, *à Bertrand.*

Donnez le bras à ma fille... Je vais vous montrer le chemin.

DURANTI, *à part.*

Que faire? et comment empêcher...

SCÈNE XI.

LES MÊMES, GENEVIÈVE.*

GENEVIÈVE, *une lettre à la main.*

Monsieur Duranti, s'il vous plaît?

DURANTI, *faisant un mouvement.*

Hein?...

OSCAR.

Qu'est-ce?... que me veut-on?

GENEVIÈVE.

Comment! c'est vous qui êtes?...

OSCAR.

Sans doute.

BERTRAND.

Vous, monsieur Duranti! (*A part.*) Je n'y suis plus.

GENEVIÈVE, *à Oscar.*

Prenez alors ce billet.

OSCAR, *montrant Duranti.*

Donnez à monsieur.

GENEVIÈVE.

Mais puisque c'est vous qui êtes monsieur Duranti...

OSCAR.

Je n'ai pas le temps de lire; il le lira pour moi.

Il prend la lettre et la remet à Duranti.

GENEVIÈVE, *à Oscar.*

Y pensez vous? (*Avec mystère.*) C'est une dame qui vous écrit!

Elle remonte.

LE BARON *et* HENRIETTE.

Une dame!

OSCAR.

Qu'importe?

HENRIETTE.

Il me semble qu'il importe beaucoup... et ce mystère...

OSCAR.

Il n'y en a pas, et je n'attache aucun intérêt...

LE BARON, *à Oscar.*

C'est possible; mais moi je ne serais pas fâché de savoir ce que cela signifie...

Il s'approche d'Oscar. Henriette le suit.**

* Henriette, le Baron, Bertrand, Geneviève, Oscar, Duranti.

** Geneviève, Bertrand, Henriette, le Baron, Oscar, Duranti.

OSCAR.

Oh! mon Dieu! si votre secrétaire ne trouve pas d'inconvénient à vous l'apprendre.

DURANTI.

Au contraire. (*Présentant la lettre.*) Voyez, monsieur le baron, lisez vous-même.

BERTRAND, *à part et regardant Oscar.*

Le malheureux! il gâte à plaisir ce que je venais d'arranger.

LE BARON, *lisant.*

« J'apprends que tu me sacrifies, toi à qui » j'ai sacrifié ma jeunesse et mon innocence.

HENRIETTE.

O ciel!

LE BARON.

Qu'est-ce à dire?

DURANTI, *à part.*

Bravo!...

LE BARON, *à Oscar.*

Eh bien, monsieur!...

OSCAR.

C'est une méprise... ou une mauvaise plaisanterie.

HENRIETTE.

Ah! vous trouvez cela plaisant?

OSCAR.

Je dis seulement que ça ne me regarde pas... que ça ne peut pas me regarder.

LE BARON, *continuant.*

« Je t'ai suivi, perfide Duranti!...

OSCAR.

Ah ça! permettez, je ne suis pas...

LE BARON *et* HENRIETTE.

Comment! vous n'êtes pas?...

OSCAR.

Si, je suis... c'est-à-dire... (*A mi-voix.*) Je ne sais plus ce que je suis... je ne sais plus ce que je dois être...

DURANTI, *s'approchant et à mi-voix.*

Ce que vous voudrez... Faut-il revivre?

OSCAR, *de même.*

Un instant!... que vous êtes pressé! que j'aie au moins le temps de me reconnaître. (*Haut et se retournant du côté du Baron.*) Monsieur le baron?...

LE BARON, *lui présentant la lettre et appuyant sur chaque phrase.*

« L'odieux mariage que tu médites ne s'accomplira pas, quand je devrais pour l'empêcher mettre le feu au château!

TOUS.

Ah!...

LE BARON.

Brûler mon château!

OSCAR.

Allons donc! ça se dit, mais ça ne se fait jamais. . Qui exécuterait une telle menace?

LE BARON, *lisant.*

« La marquise de Vakleiras. »

DURANTI, *à part.*

Mon Andalouse!...

TOUS.

Une marquise !

LE BARON, *à Oscar, lui remettant la lettre.*

Allez, monsieur, allez apaiser cette femme irritée !

OSCAR, *déchirant la lettre.*

Par exemple !... elle s'apaisera bien toute seule... Je n'irai pas.

LE BARON.

Vous voulez donc attirer sur mon château ses passions incendiaires ?

OSCAR.

Je veux vous prouver que tout cela n'est qu'une fable ou du moins une aventure à laquelle je suis tout à fait étranger.

HENRIETTE, *à Oscar.*

Fi ! monsieur, votre conduite est affreuse !

ENSEMBLE.

Air de Bobèche.

LE BARON.

Puisqu'il persiste à garder le silence,
Je vais aller trouver cette beauté.
De le confondre ainsi j'ai l'espérance,
Et je saurai toute la vérité.

HENRIETTE, *au Baron.*

Puisqu'il persiste à garder le silence,
Il faut aller trouver cette beauté ;
Vous la verrez, et par elle, je pense,
Vous connaîtrez toute la vérité.

OSCAR.

Las ! ma franchise en cette circonstance
Ne peut convaincre un esprit entêté,
Qui me condamne et qui prend l'apparence
Trop aisément pour la réalité.

DURANTI, BERTRAND *et* GENEVIÈVE.

Las ! sa franchise en cette circonstance
Ne peut convaincre un baron entêté,
Que l'on abuse et qui prend l'apparence
Trop aisément pour la réalité.

Ils sortent tous, à l'exception d'Oscar et de Bertrand.

SCÈNE XII.

BERTRAND, OSCAR.

OSCAR, *se croisant les bras.*

Eh bien ! êtes vous content de votre ouvrage ? car j'ai reconnu là votre main.

BERTRAND.

Eh bien, oui ! cette lettre est mon ouvrage !... Aussi c'est votre faute ; pouvais-je deviner que vous aviez pris la place de l'autre ?... Mais tout peut encore se réparer, et je m'en charge.

OSCAR.

Non pas, s'il vous plaît.

BERTRAND.

Je vous dis que je m'en charge. L'essentiel est que vous partiez pour Paris, où un grave intérêt vous appelle.

OSCAR.

Du tout... Il faut à tout prix que je me justifie, que j'obtienne mon pardon... et pour cela je ne quitte pas ces lieux.

BERTRAND.

Je vous forcerai bien à partir.

OSCAR.

C'est ce que nous verrons.

Reprise de l'air précédent.

BERTRAND.

Oui, malgré vous, je veux vous être utile,
Et je saurai, quoi qu'il puisse advenir,
Vous empêcher pour un motif futile
De compromettre, hélas ! votre avenir.

OSCAR.

Quoi ! magré moi vous voulez m'être utile ?
Quel dévouement !... c'est à n'y pas tenir...
Mais je me ris de son zèle stérile,
Il ne pourra m'obliger à partir.

Bertrand sort.

SCÈNE XIII.

OSCAR, *puis* LE BARON, HENRIETTE, DURANTI.

OSCAR.

C'est ici que mon sort doit se décider... Si je ne parviens pas à ramener le baron à de meilleurs sentiments, à désarmer le courroux de sa fille, j'y suis résolu, je me brûlerai la cervelle... On vient... je vais savoir à quoi m'en tenir...

LE BARON.*

On ne l'a point trouvée. J'ai eu beau prendre des informations, interroger tout le monde, personne n'a aperçu de dame espagnole.

HENRIETTE.

Je vous le disais bien, mon père !

OSCAR.

C'est un mauvais tour...

DURANTI.

Que l'on a voulu jouer à monsieur Duranti.

OSCAR.

Pour me faire du tort dans votre esprit.

HENRIETTE.

Ça se pourrait bien...

LE BARON.

En effet !... il résulte de quelques mots échappés à Geneviève qu'il y aurait un rival mêlé à tout cela... mais, nous verrons... Je suspends mon jugement jusqu'à nouvel ordre.

* Henriette, le Baron, Oscar, Duranti.

OSCAR.

Je n'en demande pas davantage.

LE BARON.

Je veux bien croire qu'on m'a trompé... que tout ce que vous nous avez dit est parfaitement vrai.

OSCAR, *troublé.*

Sans doute!

LE BARON.

Il y a pourtant quelque chose qui n'est pas clair.

DURANTI, *s'oubliant.*

Et qu'il serait peut-être facile d'expliquer.*

LE BARON et HENRIETTE.

Comment?

OSCAR, *à mi-voix à Duranti.*

Songez que vous êtes mort.

LE BARON *et* HENRIETTE.

Que signifie?...

DURANTI.

Rien... est-ce que j'ai dit?...

SCÈNE XIV.

LES MÊMES, BERTRAND.**

BERTRAND, *à mi-voix à Oscar.*

Je vous le disais bien qu'il faudrait partir!... Saltzbourg est en bas avec des recors.

OSCAR, *à part.*

Ah! diable!

BERTRAND.

Il vient pour vous arrêter!

OSCAR.

Toujours de bonnes nouvelles.

BERTRAND, *lui montrant la porte.*

Il faut vous échapper sur-le-champ?

OSCAR, *à part.*

Au fait, s'il pouvait arrêter mon rival à ma place...

BERTRAND.

Vous avez trop attendu.

Oscar se cache derrière lui.

SCÈNE XV.

LES MÊMES, SALTZBOURG, DEUX RECORS, *au fond, près de la porte.****

SALTZBOURG, *aux Recors.*

Suivez-moi, vous autres, et procédons avec ensemble.

* Henriette, le Baron, Duranti, Oscar.

** Le Baron, Henriette, Duranti, Bertrand, Oscar.

*** Henriette, Duranti, le Baron, Saltzbourg, Bertrand, Oscar.

LE BARON.

Qu'est-ce? que voulez-vous?

SALTZBOURG.

Ne vous émouvez pas, monsir la Baronne... Nous venons pour nous embarer de M. Oscar Durand.

LE BARON, *montrant Duranti.*

Le voici! *

OSCAR, *à part.*

Ma foi, que mon rival s'en tire!

Il s'élance par la fenêtre de droite, Bertrand favorise sa fuite et passe après à l'extrême gauche.

SALTZBOURG, *s'approchant de Duranti, qui parle au Baron.*

Au nom de la loi, je vous arrête!

DURANTI, *le regardant en face.*

Moi?

SALTZBOURG.

Du tout... ce n'est pas lui.**

LE BARON.

Comment, ce n'est pas?...

SALTZBOURG.

Eh non!... c'est l'autre.

LE BARON.

Quel autre?

SALTZBOURG.

Celui qui était ici tout à l'heure.

HENRIETTE.

Il a disparu!

*Le Baron et Henriette vont à la croisée de droite.****

DURANTI.

Par où a-t-il passé?

SALTZBOURG.

Pardine! par dessous terre; c'est comme ça qu'il fojage.

LE BARON, *regardant par la fenêtre.*

Le voilà au bout de l'avenue.

HENRIETTE.

Oui, vraiment.

On entend un bruit de voiture.

DURANTI.

O ciel! il emmène ma voiture.

SALTZBOURG.

Il emporte mon argent.

LE BARON.

Et vous ne courez pas après lui pour le saisir?

SALTZBOURG.

Est-ce qu'on peut l'arrêter? (*D'un ton solennel.*) C'est le Juif errant!

* Henriette, le Baron, Duranti, Saltzbourg, Bertrand, Oscar.

** Bertrand, Henriette, le Baron, Duranti, Saltzbourg.

*** Bertrand, Saltzbourg, Duranti, le Baron, Henriette.

ACTE TROISIÈME.

Le théâtre représente un grand cabinet de travail, servant de bibliothèque. Portes dans le fond et portes latérales; une table recouverte d'un tapis vert au fond. Plusieurs chaises et fauteuils.

SCÈNE Ire.

DURAMBERG, *sortant de la pièce à droite: il est dans un costume tout delabré.*

C'est vraiment inimaginable! On me convoque ici pour midi; j'arrive à dix heures, et l'on me dit que c'est trop tôt... qu'il faut attendre... comme si je n'avais que ça à faire!... comme si je pouvais rester pendant deux heures à user mes vêtements sur leurs fauteuils de velours! (*Montrant un de ses coudes qui est percé.*) C'est bien assez d'avoir déjà compromis un de mes coudes... j'ai rendez-vous ce matin, pour signer un engagement dans la troupe d'Angoulême... dix-huit cents francs pour jouer les rois et les empereurs... et l'on me fournit le manteau de pourpre... je ferai florès... je pourrai me donner la demi-tasse de café avec le petit verre, et à défaut de gloire, faire un peu de gloria.

Air de l'Apothicaire.

De Talma je veux aujourd'hui
Reprendre la tâche terrible;
Si je n'ai pas fait mieux que lui,
Le public seul en fut coupable.
J'ai beau crier à faire peur,
M'armer d'un poignard que je tire...
Frapper même... le spectateur,
Qui doit trembler, se met à rire;
Que faire si le spectateur,
Qui doit trembler, se met à rire?...

Heureusement qu'à Angoulême la population a des instincts plus tragiques, le public ne demande que du poison et des poignards... on lui en servira!... (*Chargeant se ton.*) Allons, j'ai laissé là-dedans mon chapeau: je vais mettre un de ceux qui sont là... tant pis si j'y perds.

Il essaie successivement quelques chapeaux qui sont déposés au fond sur des chaises.

SCÈNE II.

DURAMBERG, BERTRAND, *puis* DURANTI.

BERTRAND, *sortant de la pièce à droite et parlant à la cantonade.*

Ne vous impatientez pas... je vais donner des ordres...

DURAMBERG, *essayant un chapeau qui lui entre jusqu'aux oreilles.*

Voilà juste mon affaire.

BERTRAND.

Qu'est-ce que vous dites donc?

DURAMBERG.

Je dis que j'ai une affaire.

BERTRAND.

Comment! vous partez?

DURAMBERG.

Je reviens tout de suite.

BERTRAND.

Attendez donc un instant!

DURAMBERG.

Puisque je vous dis que je reviens!...

Il sort rapidement par le fond.

BERTRAND, *à la porte du fond.*

Vous ne pouvez pas vous dispenser d'être là!... (*L'appelant.*) Monsieur!... monsieur!... Il est déjà au bas de l'escalier!...

DURANTI, *en dehors, se heurtant à Duramberg.*

Prenez donc garde! (*Entrant, une lettre à la main.*) Monsieur Bertrand, s'il vous plaît![*]

BERTRAND.

C'est moi, monsieur; entrez, je vous prie... je vois ce qui vous amène.

DURANTI.

Un billet rédigé d'une manière mystérieuse et assez originale. (*Lisant.*) « Vous êtes invité à vous trouver le cinq août, à midi précis, rue des Francs-Bourgeois, n° 10. »

BERTRAND.

Vous saurez dans un instant...

DURANTI, *le regardant en face.*

Eh! mais, je ne me trompe pas: nous nous sommes déjà rencontrés quelque part?

BERTRAND.

Au château de la Durandière.

DURANTI.

Précisément, dans une circonstance assez bizarre; un rival qui s'était enferré en prenant mon nom... qui se trouvait avoir sur les bras une passion dont il n'avait pas eu le bénéfice.

BERTRAND.

Une marquise espagnole?

DURANTI.

C'est cela... malheureusement tout s'est éclairci... on a su que c'était moi; le baron s'est fâché comme un sot et une rupture s'en est suivie.

[*] Bertrand, Duranti.

BERTRAND.

Est-ce que vous en avez du regret?

DURANTE.

Mais oui... cela m'allait si bien!... moi qui n'ai jamais fait grand'chose, je faisais un mariage... j'épousais une belle fortune, un beau château, une jolie femme.. je me trouvais plus avancé que tant d'autres qui ont usé leur jeunesse à travailler... je pouvais me reposer.

BERTRAND.

Et maintenant?

DURANTE.

Tous mes projets sont au diable... il faut que je change d'horizon, que je quitte la capitale... je ne peux pas rester éternellement auditeur au conseil d'état... on finirait par croire que je n'y entends rien... Ma foi, j'ai demandé à être attaché à l'ambassade de Chine... c'est un titre...

BERTRAND.

Qui peut vous mener loin...

DURANTE.

Et qui me fera voir au moins des figures originales... toutes celles que je rencontre sont si monotones et si plates!... aussi, je ne rêve plus que maisons de porcelaine et mandarins aux boutons de cristal!

BERTRAND.

Comptez-vous partir bientôt?

DURANTE.

Le plus tôt possible... j'ai fait cette nuit mes adieux à quelques intimes; nous avons joué jusqu'au grand jour un jeu d'enfer!... et j'ai perdu constamment.

BERTRAND.

Comment! vous venez de jouer?...

DURANTE.

Au lansquenet!... j'en sors très-léger, je vous assure... je ne suis pas encore rentré chez moi... c'est pour cela que j'arrive en ces lieux de si bonne heure.

BERTRAND.

Oh! vous n'êtes pas le premier. (*Entr'ouvrant la porte à droite.*) Regardez plutôt... voilà plusieurs personnes qui vous ont devancé...

DURANTE.

Qui même n'ont pas l'air de s'amuser beaucoup... c'est encourageant... nous en avons encore pour plus d'une heure... Tiens! Durocher qui joue au trictrac! Pas si bête!... Y jouez-vous, monsieur?

BERTRAND.

Je m'en vante: j'y suis même d'une certaine force.

DURANTE.

Parbleu! je serais curieux d'en faire l'essai...

BERTRAND.

Rien n'est plus facile... (*Lui montrant la porte à droite.*) Donnez-vous la peine d'entrer... je suis à vous dans un instant.

DURANTE.

On n'est pas plus aimable. (*A part.*) Il ne doit pas être fort... un banquier!... ça ne sait pas jouer... je vais le plumer... ça m'amusera.

Il entre dans la pièce à droite. Un Domestique entre et donne une lettre à Bertrand.

BERTRAND, *au Domestique en lui rendant la lettre.*

C'est bien! faites entrer.

Il entre à droite. Le valet introduit Saltzbourg et Geneviève, à qui il remet la lettre, et sort.

SCÈNE III.

GENEVIÈVE, SALTZBOURG.

SALTZBOURG, *une lettre à la main.*

Vous arrivez avec fotre lettre...

GENEVIÈVE.

Comme vous avec la vôtre... il faut bien se trouver au rendez-vous.

SALTZBOURG, *la regardant avec attention.*

Tiaple! comme vous êtes belle et pimpante!... quelle toilette!

GENEVIÈVE.

Je ne vous en dirai pas autant... toujours la même redingote!

SALTZBOURG.

J'y tiens... ça ne change pas de couleur.

GENEVIÈVE.

Je crois bien, elle n'en a plus... autrement, elle rougirait pour vous.

BERTRAND, *rentrant.**

Ah ça, qu'est-ce que vous faites ici tous deux? (*Montrant la porte à droite.*) Vous savez bien que c'est là-dedans qu'on se réunit.

SALTZBOURG.

J'aurais d'abord à vous entretenir d'une affaire qui m'intéresse beaucoup plis que tavantache!

GENEVIÈVE.

Moi de même.

BERTRAND.

En ce cas, dépêchez-vous.

SALTZBOURG.

Monsir Bertrand, je suis un pauvre tiable de marchand qui ai pien de la peine à joindre les deux bouts... je suis touchours dans les transes... si bien que j'ai mis de côté soixante mille francs que je ne veux pas perdre.

BERTRAND.

Soixante mille francs!

GENEVIÈVE, *à part, regardant Saltzbourg.*

Il est moins laid que je ne l'avais cru d'abord.

SALTZBOURG.

On dit que votre maison est sûre, et comme

* Geneviève, Bertrand, Saltzbourg.

la mienne ne l'est pas, je viens vous prier de prendre mes fonds.

BERTRAND.

Soit!... nous allons passer chez mon caissier... (*A Geneviève.*) Et vous, mademoiselle?

GENEVIÈVE.

Vous pouvez dire madame.

BERTRAND.

Ah! vous êtes?...

GENEVIÈVE.

Madame de Saint-Amaranthe... c'est la raison sociale de mon établissement de haute nouveauté étrangère et de couture cosmopolite... Un capitaliste qui a versé des fonds dans l'entreprise me laisse prendre son nom provisoirement... sauf à me le donner plus tard.

BERTRAND.

Je comprends.

SALTZBOURG, *à part.*

Moi aussi.

GENEVIÈVE.

Du reste, un établissement superbe et unique dans son genre... des galeries ornées de glaces; partout des fleurs ou des parfums qui brûlent... de la musique militaire pendant qu'on essaye les robes... Aussi, la meilleure société de Paris... tout le féminin diplomatique... toutes mes pratiques ont voiture.

BERTRAND.

Et vous?

GENEVIÈVE.

Ça viendra bientôt.

SALTZBOURG, *à part.*

Mein Gott!

GENEVIÈVE.

Mais on m'a dit qu'il fallait avoir de l'ordre.

SALTZBOURG, *à part.*

Elle raisonne pien, cette petite.

GENEVIÈVE.

J'ai donc réuni quarante billets de banque, les économies de mon premier mois.

SALTZBOURG, *à part.*

Elle est charmante!

GENEVIÈVE, *présentant un portefeuille à Bertrand.*

Les voici; je veux avec cela avoir des chemins de fer; on dit que c'est solide.

BERTRAND.

Mais oui... ça ne fléchit pas, bien que tout le monde s'y jette.

GENEVIÈVE.

Pouvez-vous me procurer des actions?

BERTRAND.

J'en ai justement à placer.

AIR : *Tenez, moi je suis.*

En voulez-vous de la Belgique,
Ou de la frontière du Rhin,
Ou de la frontière italique?
Pour construire chaque chemin
L'Angleterre avec nous finance...

A part.

Et j'ai peur, quand je songe à ça,
De voir les capitaux de France,
S'en aller par ces chemins-là.

GENEVIÈVE.

Vous me direz ce qu'il faut choisir.

BERTRAND.

Et je vous remettrai ça. (*Montrant la pièce à gauche.*) Là-dedans, tout à l'heure... (*A Saltzbourg.*) Venez, que je vous conduise à mon caissier.

Il sort à gauche.

SALTZBOURG.

Je vous suis... (*A mi-voix à Geneviève.*) Ah! matemoiselle! matemoiselle!... (*Mettant la main sur son cœur.*) Vous m'avez beaucoup touché là.

Il suit Bertrand.

GENEVIÈVE.

Je conçois : il a le cœur sensible aux billets de banque... les chemins de fer l'ont attendri; après tout, ce serait un mari de soixante mille francs... il y en a beaucoup qui ne le valent pas.

Elle va au fond reprendre son châle qu'elle y avait déposé en entrant, et dans lequel elle essaye de se draper.

SCÈNE IV.

GENEVIÈVE, *au fond* LE BARON, HENRIETTE, *entrant par la droite.*

LE BARON.

Il faut convenir que Bertrand est un homme bien singulier!... il nous donne un logement dans son hôtel, nous reçoit à merveille... et persiste à se taire sur le motif qui nous a fait convoquer.

HENRIETTE.

Enfin nous connaîtrons bientôt le mot de l'énigme.

LE BARON.

Oui, dans un quart d'heure.

HENRIETTE.

J'avoue que je suis curieuse de savoir...

LE BARON.

Je le sais déjà, je le devine... c'est quelque mystification; mais, nous autres gens de qualité, nous sommes au-dessus de ça... j'entends très-bien la plaisanterie.

HENRIETTE.

Quoi! vous supposeriez que M. Bertrand...

LE BARON.

Bertrand est un brave garçon que j'estime... mais il a des idées excentriques... Il a voyagé en Angleterre, et en a rapporté le spleen... Quand ça le prend, il n'est pas fâché de s'égayer... et sous un prétexte frivole... il aura imaginé quelque réunion bizarre... je parie que ce sera très-grotesque...

GENEVIÈVE, *à mi-voix.*

Quand il n'y aurait que lui.

LE BARON.

Hein?

HENRIETTE.

Tiens! Geneviève!

LE BARON.

Vous ici, mademoiselle?

GENEVIÈVE, *montrant sa lettre.*

Il le faut bien, puisque je suis convoquée.

LE BARON, *à Henriette.*

Qu'est-ce que je te disais?

GENEVIÈVE, *avec une dignité affectée.*

Je crois que nous n'attendions plus que vous, et je vais prévenir le maître de la maison de votre arrivée.

Elle sort à droite.

SCÈNE V.

LE BARON, HENRIETTE.

LE BARON.

Cette petite fille est d'une audace!...

HENRIETTE.

Je ne peux pas trop lui en vouloir... elle nous a aidés à démasquer ce M. Duranti, un mauvais sujet que je ne puis souffrir.

LE BARON.

Oh! pour celui-là, je te l'abandonne; c'est une indignité!... on m'avait donné les meilleurs renseignements... Aussi, je ne veux pas, d'ici à six mois, entendre parler de prétendu.

HENRIETTE.

Mon père!...

LE BARON.

Tout ce que tu voudras, excepté ça, je te le donnerai... je serai très-généreux... j'ai déjà commencé... Qu'est-ce que je t'ai donné hier pour ta fête, hein?

HENRIETTE.

Merci, mon bon père.

LE BARON.

Cinquante napoléons... j'espère que c'est joli!

HENRIETTE.

Aussi, je vous en ai su un gré!

LE BARON.

Tu les as dépensés?

HENRIETTE.

Oui, mon père.

LE BARON.

Voyons... qu'est-ce que tu en as fait?

HENRIETTE, *baissant les yeux.*

Je ne sais trop si je dois vous le dire...

LE BARON.

Par exemple!... je veux savoir ce que tu en as fait.

HENRIETTE.

Une bonne action, mon père.

LE BARON.

Raison de plus pour me mettre dans la confidence.

HENRIETTE, *baissant les yeux.*

Eh bien! puisque vous l'exigez...

Elle s'arrête.

LE BARON.

Eh bien!

HENRIETTE.

J'ai su qu'il y avait un jeune homme dont l'avenir allait être compromis....

AIR : *Ses yeux disaient tout le contraire.*

Et cela, faute d'un peu d'or,
Qui ne m'était pas nécessaire...
J'ai compris, avec mon trésor,
Le bien qu'ici je pouvais faire...
Vous me l'avez dit : au malheur
On doit une assistance entière;
F[illegible]... un jeune homme de cœur,
[illegible]dit, [illegible]... qu'aurait fait mon père;
[illegible]ai l'arracher au malheur,
J[illegible]it ce qu'aurait fait mon père.

LE BARON.

Comment, mademoiselle?...

HENRIETTE.

Mais il ignore quelle est la main qui l'a secouru; il ne le saura jamais!

LE BARON.

C'est-à-dire que vous jetez mon argent à quelqu'un qui n'est peut-être pas digne d'intérêt, à un inconnu!

HENRIETTE.

Mon père, vous le connaissez : il est venu chez vous, il devait être votre secrétaire... M. Oscar...

LE BARON.

C'est encore pis... un écervelé, un intrigant, qui n'a ni présent ni avenir; qui jette son dévolu sur la fille d'un baron; qui s'avise même de s'en faire aimer... et qui n'a pas pour excuse une grande fortune... c'est le renversement de toutes les lois!... Il n'y a plus de société possible!

HENRIETTE.

De grâce, écoutez-moi!

LE BARON.

Je n'écoute rien!... et puisque ce gaillard-là est à Paris, nous n'y resterons pas... Nous repartirons, aujourd'hui, dans un instant, dès que je saurai pourquoi on m'avait fait venir ici, et ce ne sera pas long... (*tirant sa montre,*) car voici l'heure fixée pour l'assemblée.

Air : *Travaillons, mesdemoiselles.*

Maintenant plus de mystère,
L'heure sonne, il est midi :
Je vais donc savoir, j'espère,
Ce que l'on me veut ici.

SCÈNE VI.

HENRIETTE, LE BARON, BERTRAND, SALTZBOURG, GENEVIÈVE, DURANTI. — FOLBERT, DUROCHER, GUIBOURG, GALLOIS, LEGRAS, *au deuxième plan.*

ENSEMBLE.

Même air.

TOUS.

Maintenant plus de mystère,
L'heure sonne, il est midi ;
Nous allons savoir, j'espère,
Ce que l'on nous veut ici.

BERTRAND.

Maintenant plus de mystère,
Je vais, puisqu'il est midi,
A tous expliquer l'affaire
Qui nous réunit ici.

DURANTI, *à Bertrand.*

Allons, convenez qu'au trictrac vous avez trouvé votre maître.

BERTRAND.

Oui, vous êtes plus fort... c'est mille écus que je perds.

DURANTI, *à part.*

J'ai toujours plumé le banquier... Ces loups-cerviers, quand on peut leur arracher une dent...

BERTRAND, *après avoir parcouru des yeux l'assemblée.*

Messieurs, je suis flatté d'avoir chez moi, pour une affaire importante, une assemblée aussi honorable. Je lis sur vos figures une juste curiosité...

GENEVIÈVE, *à part.*

Il va parler!

BERTRAND.

Mais, avant d'entamer l'objet de la réunion, permettez-moi de voir si personne ne manque. J'ai la liste de tous ceux auxquels on a écrit. (*Il déploie la liste et appelle.*) M. Folbert!

FOLBERT, *faisant un pas et saluant.*

Présent!

BERTRAND.

Un des premiers notaires de Paris (*Il lui fait signe de s'asseoir, et continue d'appeler.*) M. Durocher, avoué du trésor! (*Même jeu de Durocher et des autres personnages appelées, qui répondent toutes : Présent! et vont s'asseoir à droite et à gauche.*) M. Guibourg, directeur d'un chemin de fer!

DURANTI, *à part, regardant Guibourg, qui est très-gros.*

Quelle carrure!... on voit bien qu'il a fait son chemin.

BERTRAND, *continuant.*

M. Gallois, bonnetier, *aux Mollets d'Hercule!*

GENEVIÈVE, *à part, le voyant très-maigre.*

Celui-là n'a pas posé pour son enseigne.

BERTRAND, *continuant.*

M. Legras, marchand de comestibles...

GENEVIÈVE.

A l'Écrevisse fidèle!... Il demeure en face de chez moi.

BERTRAND.

M. Salzbourg, colporteur!

SALTZBOURG.

Capitaliste!

BERTRAND.

Si vous voulez... M. le baron de la Duranclière! (*Le baron fait un signe de tête seulement.*) M. Duranti, auditeur au conseil d'État!

DURANTI.

C'est entendu!

BERTRAND.

Mademoiselle Geneviève de Saint-Amaranthe!

Ici les valets approchent la table qui est au fond et la placent au milieu du théâtre. Tout le monde est assis; Henriette et le Baron en tête de la gauche, Duranti, Geneviève et Saltzbourg en tête de la droite, les autres personnages de l'un et de l'autre côté, à la suite.

GENEVIÈVE, *qui n'est pas encore assise.*

C'est moi!... et je profiterai de l'occasion pour inviter la société à visiter mes galeries d'exposition... (*Offrant ses cartes d'abord à droite, ensuite à gauche.*) Tous ceux qui sont curieux de voir des robes sans coutures, et des corsets qui se lacent eux-mêmes...

LE BARON, *avec impatience.*

Eh! mademoiselle, nous ne sommes pas ici dans un bazar!

GENEVIÈVE, *donnant une carte à Henriette.*

C'est bon!... ne vous échauffez pas... (*Arrivée à sa place.*) Je passe la parole à monsieur.

Elle montre Bertrand et s'assied.

BERTRAND, *près de la table.*

Il nous manque encore M. Oscar Durand... et M. Duramberg, directeur de troupe ambulante... Ce dernier était ici ce matin, et il a dit qu'il reviendrait...

DURANTI.

Eh! qu'importe?... on ne peut pas faire attendre pour eux des gens honorables et bien posés...

LE BARON.

Qui ont pris la peine de se déplacer eux-mêmes.

HENRIETTE.

Mais il n'y a pas encore dix minutes...

LE BARON et DURANTI.

C'est déjà trop!

TOUS, à Bertrand.

Parlez! parlez!

BERTRAND.

Nous commencerons donc sans eux... (*Il s'assied. Mouvement de satisfaction générale.*) Voici ce dont il s'agit : Il y avait-il y a trente-cinq ans, à Concarneau, en Bretagne, un charpentier nommé Pierre Durand, homme brave, honnête, laborieux, digne à tous égards de l'estime des siens : il n'a jamais connu ses parents, dispersés de tous côtés... Il m'a confié le soin de les retrouver, de les réunir, et c'est pour satisfaire à ses vœux qu'après bien des recherches, des courses et des démarches, je vous ai rassemblés près de moi; car je vous crois tous de sa famille.

TOUS, se récriant.

De sa famille!

LE BARON.

C'est une plaisanterie!

DURANTI.

Que voulez-vous que j'aie de commun avec M. Durand, le charpentier, moi, auditeur au conseil d'État, attaché à une ambassade?

LE BARON.

Et moi donc? baron de père en fils, décoré de plusieurs ordres, qui peux faire souche de noblesse.

TOUS.

C'est absurde!

BERTRAND.

Messieurs!

LE BARON.

S'il s'agit de donner des secours à ce vieillard, j'y consens, mais je refuse la parenté.

SALTZBOURG.

Moi, je refuse l'un et l'autre.

DURANTI.

Je propose de lever la séance.

TOUS, se levant.

Oui! oui!

AIR :

Puisqu'on veut, je pense,
Se moquer de nous,
Levons la séance,
Vite! partons tous!...
A son auditoire
Qu'il vient ennuyer,
Qu'importe l'histoire
De ce charpentier?

BERTRAND, cherchant à les retenir.

Messieurs!... messieurs!... Pierre Durand est mort; il s'agit de sa succession!

TOUS.

Qu'est-ce que ça nous fait?

BERTRAND, élevant la voix.

D'une succession de trois millions!

TOUS, s'arrêtant.

Hein?

Ils se rasseient vivement et simultanément.

BERTRAND, souriant et s'asseyant.

Oui, messieurs... Pierre Durand était passé à Madagascar... il y est décédé après dix années de spéculations brillantes.

GENEVIÈVE.

Ah! le brave homme!

LE BARON.

O puissance de l'industrie!

DURANTI.

Honneur à sa mémoire!

BERTRAND.

Il s'agit de savoir si vous êtes tous de sa famille?

GENEVIÈVE.

Pour moi, ça ne fait pas de doute.

FOLBERT et SALTZBOURG, très-vivement.

Voici mes papiers!

Ils les déposent sur la table.

GUIBOURG, de même.

Voici mes titres!

LEGRAS, de même.

J'ai épousé une Durand!

DUROCHER, de même.

Et moi pareillement!

GALLOIS, de même.

J'en ai épousé deux! les deux cousines!

GENEVIÈVE, à part.

Quel Barbe-Bleue, que ce bonnet de coton-là!

DURANTI.

Attendez!... mes souvenirs me reviennent... mon oncle, sous-préfet en Toscane, pendant l'occupation française, avait ajouté un *i* à son nom, pour ne pas blesser les oreilles italiennes... Voilà comment Durand est devenu Duranti... mais je ne suis pas moins l'un et l'autre.

Il donne un papier à Bertrand.

BERTRAND.

Nous examinerons... Quant à vous, monsieur le baron...

LE BARON.

Je m'expliquerai avec franchise; notre noblesse date de l'empire... ce n'est pas la moins glorieuse... Issu des rangs du peuple, mon père a conquis ses titres par ses services... il est devenu baron par le droit du canon; il a perdu dans les combats le nom que sa naissance lui avait donné; mais ce nom est resté sur les registres de l'état civil. (*Tirant de sa poche un papier.*) Et je vous fais passer l'acte qui le constate.

BERTRAND.

Allons, je vois que je ne m'étais pas trompé, et que vous êtes tous de la famille.

TOUS.

Tous!...

GENEVIÈVE.

Au masculin ou au féminin?

BERTRAND.

La chose bien établie, je continue.

TOUS.

Enfin!

Ils prêtent tous la plus grande attention.

BERTRAND.

Le brave charpentier, votre parent, que j'ai connu aux Indes, m'a laissé en mourant...

DURANTI.

Toute sa fortune?

BERTRAND.

Non, monsieur, pas le plus petit legs; mais il m'a laissé des devoirs à remplir; il m'a nommé son exécuteur testamentaire.

LE BARON.

Et il a bien fait.

DURANTI, *à part.*

De ne le nommer que ça.

BERTRAND.

Voici, maintenant, le testament, dont je vais vous donner lecture.

Il brise successivement les trois cachets.

HENRIETTE, *à part.*

Et M. Oscar qui n'est pas là!

DURANTI, *à mi-voix.*

Quand il ne me reviendrait que soixante mille francs...

SALTZBOURG, *de même.*

J'ai bien envie de les lui offrir!

TOUS, *toussant.*

Hum! hum!

GENEVIÈVE, *avec impatience.*

Ils ne finiront pas de tousser!

TOUS.

Chut!

BERTRAND, *lisant.*

« Je laisse une fortune considérable, et » des parents probablement fort nombreux; » je ne les ai jamais vus, je n'en ai même » pas entendu parler : je n'ai donc aucune » raison de préférer l'un à l'autre. »

LE BARON.

Homme juste et impartial!

GENEVIÈVE.

Il nous porte tous dans son cœur!

TOUS.

Silence!

BERTRAND, *continuant.*

» Si je laisse s'accomplir entre eux tous un » partage égal, je fais des demi-riches qui, » peut-être, ne voudront plus rien faire, et » ne pourront pas, cependant, s'empêcher » de travailler... à ceux-là, j'aurai rendu un » mauvais service...

DURANTI, *à part.*

C'est égal, on l'acceptera!

BERTRAND.

» Mais ce n'est pas la seule considération » qui m'arrête; parmi les nombreux parents » appelés à recueillir ma succession, il en » est assurément qui n'ont pas besoin de mes » dons, d'autres qui n'en sont pas dignes, » et c'est une double chance que je ne me » soucie pas de courir. Je veux donc qu'un » seul d'entre eux profite de mon héritage.

TOUS.

Un seul!

BERTRAND.

» Et je lègue la totalité de mes biens, mon- » tant à trois millions, à celui d'entre eux » qui, le 5 août 1845, au moment de l'ou- » verture de mon testament, de midi à une » heure, se trouvera ne rien avoir. »

TOUS.

Comment?

DURANTI, *joyeux.*

C'est-à-dire que le plus pauvre deviendra le plus riche!

BERTRAND.

Précisément.

Duranti, Saltzbourg et Geneviève se frottent les mains de joie, tandis que Folbert, Durocher, Guibourg, Gallois et Legras font la grimace et donnent des signes de mauvaise humeur.

TOUS.

Mais c'est du d[illegible]e!

BERTRAND.

C'est de la raison, au contraire... de la logique rigoureuse... pour s'assurer une plus vive reconnaissance, le défunt veut un héritier qui lui doive tout.

GUIBOURG, GALLOIS, DUROCHER, LEGRAS, FOLBERT.

C'est de l'égoïsme!

BERTRAND.

Que vous importe, messieurs, vous dont la situation prospère, la fortune indépendante...

LES MÊMES.

Parbleu! nous savons cela!

BERTRAND.

Alors, je n'ai pas besoin de vous rappeler...

LE BARON.

Permettez; il faut s'entendre : l'apparence n'est pas toujours la réalité. Il y a des gens qui ont un rang à tenir, des bienfaits à répandre, et qui sont pauvres avec 60,000 livres de rente; car, il ne leur reste rien; et le testament sainement interprété...

SALTZBOURG.

Par exemple!... monsir la baronne va peut.

être se comparer à moi, qui, souvent, ne gagne pas 25 sous dans mon journée!

LE BARON.

Mais tu n'es pas obligé d'avoir des chevaux, des laquais... tu n'as à penser qu'à toi!... et c'est si peu de chose!

SALTZBOURG.

Merci!

LE BARON.

Tu es libre d'avoir une existence simple, modeste et sans faste... tu es riche dans ta pauvreté!

BERTRAND.

D'autant plus qu'il a déposé dans ma caisse 60,000 fr.!

TOUS.

Ah! ah! ah!

SALTZBOURG, *à part.*

Maladroite que j'étais!

GENEVIÈVE.

C'est à moi, maintenant, de faire connaître mes droits. Fille naïve, ingénue, orpheline... sans autre bien que mon innocence et mon industrie, je suis venue à Paris fonder un établissement de couture...

TOUS.

Magnifique!

GENEVIÈVE.

Dans les journaux!... Je l'ai fondé avec l'argent qu'on me prête, et sous un nom qui ne m'appartient pas... c'est tout ce que je possède... il serait difficile d'avoir moins.

TOUS.

Comment?

LE BARON *et* HENRIETTE.

Ce serait elle!

BERTRAND.

Un instant... vous oubliez vos chemins de fer!

GENEVIÈVE, *à mi-voix.*

Chut! (*Haut.*) Plaît-il?

BERTRAND.

Opération superbe!... mais qui, pour le moment, vous coûte trois millions?

GENEVIÈVE.

Si c'est là ce que ça me rapporte, merci!... on ne m'y prendra plus... maudits chemins de fer!

BERTRAND.

Ah! dam! vous avez voulu aller trop vite!

DURANTI.

On ne me fera pas le même reproche... je n'avance pas... je recule plutôt... auditeur ad honores, fonctionnaire sans traitement, attaché sans ambassade, je ne suis rien, et je m'en flatte, je n'ai rien, grâce au ciel!

BERTRAND.

Bah!... et les mille écus que vous m'avez gagnés au trictrac?

DURANTI.

Il faut convenir que j'ai joué de malheur!

LE BARON.

Messieurs, il n'y a parmi nous personne qui soit habile à recueillir l'héritage de Pierre Durand.

BERTRAND.

D'accord; qu'est-ce que vous voulez en conclure?

LE BARON.

Le testament est nul et sans effet!

DURANTI, SALTZBOURG *et* GENEVIÈVE.

Certainement!

LE BARON.

Il doit être considéré comme non [illegible].

TOUS.

Oui, oui!

Tout le monde se lève.

LE BARON.

C'est mon avis.

FOLBERT.

C'est aussi le mien.

DURANTI.

Et monsieur est notaire royal.

LE BARON.

Il y aura donc lieu à partager entre nous tous.

TOUS.

Oui, oui... c'est évident!

BERTRAND.

Mais, attendez encore! il peut se présenter...

LE BARON.

Eh! qui voulez-vous qui arrive maintenant?

SCÈNE VII.

HENRIETTE, LE BARON, BERTRAND, OSCAR, SALTZBOURG, GENEVIÈVE, DURANTI, *et les autres personnages au deuxième plan.*

OSCAR, *sans être vu.*

Je vous remercie, il est inutile de m'annoncer.

TOUS.

Que signifie?

BERTRAND.

Je reconnais cette voix.

HENRIETTE, *à part.*

Et moi aussi!

OSCAR.

Pardon, messieurs, je dois être en retard...

BERTRAND, *tirant sa montre, et s'adressant à plusieurs, en la leur faisant voir.*

Il avait encore quelques minutes.

OSCAR.

Mais enfin, j'arrive, ignorant tout à fait ce qu'on peut me vouloir, et quel est le maître du logis?

BERTRAND.

Moi, monsieur!...

OSCAR, *à mi-voix*

Encore lui!.., mon mauvais génie, mon Méphistophélès!

BERTRAND.

Votre ancien ami Bertrand!

OSCAR, *à part.*

Oui, Bertrand!.... c'est convenu!.... (*Haut.*) Est-ce que vous allez encore vous mêler de mes affaires?

BERTRAND.

Précisément!... et, pour les arranger, je vais vous adresser une question.

OSCAR.

Je n'y répondrai pas, je vous en avertis!

BERTRAND.

Jeune homme!

OSCAR.

J'ai peut-être bien le droit de me taire?

LE BARON.

Non, monsieur..., quand on est devant des personnes respectables...

OSCAR, *apercevant Henriette, à part.*

Le baron et sa fille... * Cette chère Henriette!... ses regards semblent m'encourager à parler... (*Haut, à Bertrand.*) Voyons, qu'attendez-vous de moi?

BERTRAND.

Que vous fassiez connaître ce que vous possédez!

OSCAR, *regardant Henriette et le Baron.*

Rien, héritiers! ni rang, ni fortune!

HENRIETTE, *avec joie.*

Bien!

OSCAR.

Que dis-je? moins que rien!... sept ou huit mille francs de dettes.

HENRIETTE.

Très-bien!

LE BARON.

Ma fille!

GENEVIÈVE.

Est-il heureux!

OSCAR.

Pas trop!... et si quelqu'un veut prendre ici ma position ..

DURANTI, *vivement.*

Je la prends et vous cède la mienne!

TOUS, *excepté le Baron.*

Parbleu! et moi aussi!

OSCAR.

Hein? que signifie?...

BERTRAND.

Que votre sort va changer, et qu'une circonstance inespérée...

OSCAR.

Comment?

* Henriette, le Baron, Oscar, Bertrand, Saltzbourg, Geneviève, Duranti.

BERTRAND, *lui prenant la main.*

Oui, mon ami, et je suis enchanté de vous apprendre...

LE BARON.

Arrêtez! monsieur ne dit pas la vérité!

OSCAR.

Par exemple!

LE BARON.

Il a reçu hier cinquante napoléons!

HENRIETTE, *à part.*

Ah! mon Dieu!

OSCAR.

C'est vrai, monsieur.

BERTRAND, *bas.*

Le malheureux!

LE BARON.

Et qu'en avez-vous fait?

OSCAR.

Ceci me regarde.

LE BARON.

Il n'en a rien fait... il les a... il n'est pas dans les conditions!

DURANTI *et* TOUS LES AUTRES.

Il n'y est pas!

BERTRAND.

J'en ai peur!

HENRIETTE, *à part.*

Et quand je songe que c'est moi!...

OSCAR, *à mi-voix.*

Il paraît qu'il m'arrive quelque chose de fâcheux!.., je ne sais pas quoi... (*Regardant Bertrand.*) Toujours mon mauvais génie qui fait des siennes!...

UN LAQUAIS, *annonçant.*

Monsieur Duramberg!

HENRIETTE, *à part.*

Tout est perdu!

BERTRAND, *à part.*

C'est celui-là qui va l'emporter!

SCENE VIII.

HENRIETTE, LE BARON, OSCAR, DURANTI, BERTRAND, SALTZBOURG, GENEVIÈVE, DURANTI, *les autres personnages au deuxième plan.*

Duramberg est tout en noir. Toilette ridicule.

DURAMBERG, *il entre en chantant.*

De mon front je touche l'Olympe,
Je puis marcher l'égal des dieux!...

DURANTI.

Diable! en habit noir?

BERTRAND, *à mi-voix.*

Serait-il déjà habillé à compte sur la succession?

GENEVIÈVE.

Quel air radieux et triomphant!

LE BARON.

Qu'est-ce que cela veut dire?

DURAMBERG.

Que je suis le plus heureux des hommes... que je ne veux plus être ni roi ni empereur... la fortune me réservait mieux!

BERTRAND.

Il sait tout!

DURAMBERG.

Ce matin, j'étais décidé à m'exiler en province, pour y traîner quelques lambeaux de pourpre, lorsque j'ai appris qu'il se formait à Paris une entreprise pour l'établissement d'un quarante-troisième théâtre dont le besoin se faisait généralement sentir.

TOUS.

Ah! bah!

DURAMBERG.

Celui qui en avait obtenu le privilége ne savait qu'en faire... un ancien marchand de vin, tout à fait étranger à la scène.

GENEVIÈVE.

Peut-être pas tant!

DURAMBERG.

Il lui fallait quelqu'un d'entendu, de capable... j'étais son homme... je me suis présenté... j'ai été apprécié sur-le-champ... et me voilà à la tête de l'entreprise, moyennant un léger versement de fonds que j'ai fait pour les annonces.

BERTRAND.

Mais ces fonds, d'où vous viennent-ils?

DURAMBERG, *montrant Oscar.*

De lui!... de ce généreux jeune homme!...

TOUS.

Il se pourrait!

DURAMBERG.

Oui, pour la représentation qu'il m'avait fait manquer, m'a donné cinquante napoléons!

OSCAR.

Tout ce que j'avais!

DURAMBERG.

Aussi, je n'en ai pas demandé davantage: je me souviendrai de lui; il aura son entrée à mon théâtre, des billets, des loges quand il voudra; c'est de l'argent bien placé.

BERTRAND.

Oui, car il lui rapporte trois millions! *

Tous remontent, excepté Bertrand, Oscar, et Duramberg, qui se tient un peu en arrière avec Duranti.

DURAMBERG.

Trois millions.

OSCAR.

A moi? c'est impossible!

BERTRAND.

Rien n'est plus réel!

Il lui montre le testament.

DURAMBERG.

Tant mieux! il sera un de nos actionnaires, un de nos bons actionnaires... il est né pour cela... il lâche son argent avec une facilité...

DURANTI, *à mi-voix à Duramberg.*

Mais vous auriez pu avoir la succession qui va lui revenir.

DURAMBERG.

Est-ce que j'en ai besoin? Artiste avant tout! J'ai vécu vingt-cinq ans des poulets de carton du théâtre... Vous me direz que ça se voit et que je n'ai guère profité; mais, on m'offre déjà cent mille francs de ma nouvelle position: quand je voudrai me retirer, je ferai comme tout le monde: j'achèterai un château.

Il remonte avec Duranti.

OSCAR, *à Bertrand, après avoir lu le testament.*

Il est donc vrai?... cette fortune...

BERTRAND.

Comprenez-vous, maintenant, le motif secret de ma conduite avec vous... je vous aurais ruiné en essayant de vous enrichir.

OSCAR.

Et moi qui vous soupçonnais! qui vous accusais même! ô le meilleur, le plus dévoué des amis! comment expier mes torts?... comment jamais reconnaître...

BERTRAND.

Que parlez-vous de reconnaissance?... n'avais-je pas contracté envers vous une dette sacrée?... Vous êtes heureux, nous voilà quittes! Tous mes désirs sont exaucés!...

Ils tombent dans les bras l'un de l'autre.

DURAMBERG, *descendant, à mi-voix.*

Je me sens attendri!... (*Cherchant.*) Qu'est-ce que j'ai donc fait de mon mouchoir?

OSCAR.

Mais, une telle fortune à moi!... (*Se retournant et apercevant le Baron qui a descendu la scène avec sa fille.*) * Hélas! il est une personne avec laquelle il m'eût été bien doux de la partager!

LE BARON, *d'un ton fâché.*

Monsieur! **

OSCAR.

Pardon!... je vous offense... je le vois...

LE BARON.

N'invoquez point une circonstance qui ne saurait, à mes yeux, vous créer un titre!... au contraire... vous n'aviez rien et vous avez aimé ma fille; elle a partagé votre amour. J'ai dû soumettre ce sentiment mutuel à des épreuves; il y a résisté; une inclination sincère forme entre vos cœurs un lien étranger à tout calcul; je dois me rendre: votre bonheur l'exige, et ma fille est à vous!

* Henriete, le Baron, Oscar, Bertrand, Duramberg, Duranti, Saltzbourg, Genevieve.

* Le Baron, Henriette, Oscar, Bertrand, Duranti, Genevieve, Duramberg, Saltzbourg.

** Henriette, le Baron, Oscar, Bertrand, Duramberg, Genevieve, Duranti, Saltzbourg.

HENRIETTE.

Ah! mon père!

OSCAR.

Ah! monsieur!

DUBAMBERG, *à part.*

En voilà un fameux père noble!... si je pouvais l'avoir dans ma troupe!... comme il vous joue la comédie, ce gaillard-là!

DURANTI, *qui a passé à l'extrême gauche.*

Décidément, je quitte Paris... je vais me faire banquier aux grandes Indes.

OSCAR.

Je serai votre premier commanditaire et vous offre de verser deux cent mille francs dans votre caisse.

DURANTI.

J'accepte. (*A part.*) Autant de rattrapé!

OSCAR.

Quant à Geneviève, je veux lui donner quelque chose d'utile, d'indispensable...

GENEVIÈVE.

Quoi donc?

OSCAR.

Un mari pour de vrai.

SALTZBOURG, *s'avançant.*

Présent!... (*A Geneviève.*) Si vous voulez être madame Saltzbourg?...

GENEVIÈVE, *lui donnant la main.*

Pourquoi pas? j'aimerais assez un nom allemand à défaut d'un anglais... c'est toujours un étranger.

SALTZBOURG, *montrant Oscar.*

Il paraît que ce n'était pas le Juif errant!

CHOEUR FINAL.

Air de *Trianon*

La fortune aime à nous surprendre,
Légère et prompte à s'esquiver,
C'est quand on ne doit pas l'attendre
Qu'on la voit soudain arriver.

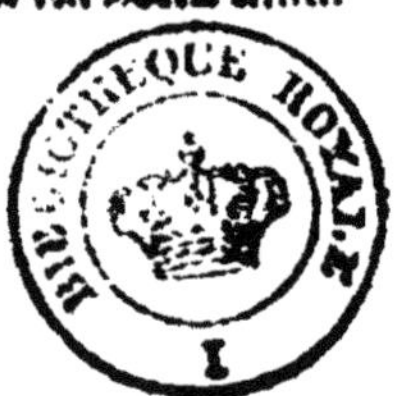

FIN.

PARIS. — IMPRIMERIE DONDEY-DUPRÉ,
Rue Saint-Louis, 46, au Marais.

www.ingramcontent.com/pod-product-compliance
Ingram Content Group UK Ltd.
Pitfield, Milton Keynes, MK11 3LW, UK
UKHW021027200726
13857UKWH00004B/1637

9 782012 728974